AF096150

は	な	た	さ	か	あ
ひ	に	ち	し	き	い
ふ	ぬ	つ	す	く	う
へ	ね	て	せ	け	え
ほ	の	と	そ	こ	お

OHISAMA WORKBOOK [First Steps]**: Japanese Textbook for Multilingual Children**

© 2022 YAMAMOTO Emi, UENO Junko, MERA Yoshie, HONDA Hiroyuki,
Kurosio Publishers
First published 2022
ISBN 978-4-87424-911-6
printed in Japan

All rights reserved. No part of this publication may be reproduced,
stored in a retrieval system, or transmitted in any form or by any means,
without the prior permission in writing of Kurosio Publishers.

Kurosio Publishers
4-3, Nibancho, Chiyoda-ku, Tokyo 102-0084, Japan
https://www.9640.jp

ひらがなひょう

ん	わ	ら	や	ま
	(い)	り	(い)	み
	(う)	る	ゆ	む
	(え)	れ	(え)	め
	を	ろ	よ	も

おひさま ワークブック

OHISAMA WORKBOOK

[はじめのいっぽ]

First Steps

子どものための日本語

Japanese Textbook for Multilingual Children

山本絵美
Emi Yamamoto
上野淳子
Junko Ueno
米良好恵
Yoshie Mera
本田弘之
Hiroyuki Honda
[著]

くろしお出版
Kurosio Publishers
[編]

はじめに

本書は、『おひさま［はじめのいっぽ］―子どものための日本語―』（子ども向け日本語教科書。以下『おひさま』）のワークブックです。教科書と一緒に使いやすいように同じトピックや学習項目を扱っていますが、ワークブックのみでの利用も可能です。教育機関はもちろん、ご家庭でもお使いいただけます。本書の対象者は、マルチリンガル（複数の言語を使用する人）やバイリンガルの子どもです。彼らは、複数の言語や文化に囲まれて成長しています。その中には、母語や継承語（親から受け継いだ言葉）として日本語を学ぶ子どももいれば、外国語として日本語を学ぶ子どももいます。本書は、そのような子ども達が楽しみながら、自己表現と相互理解を可能にする日本語を学び、知的好奇心や国際感覚を育むことを目指しています。

太陽光は透明に見えますが、その中にはいろいろな色の光があります。これはまさに、子ども達の「複言語」のようです。また、子ども達には自ら主体となって輝いてほしい、周囲の人々をあたたかい気持ちにする存在になってほしいという願いも込めて『おひさま』というタイトルをつけました。

『おひさま』は、世界各地の小学校や幼稚園、補習校、日本語教室、ご家庭でご使用いただいております。「子どもが自分で本棚から引っ張り出してきます」「学校に置いておく教材なのに、児童が持って帰りたいと言うんです」など、嬉しいコメントをたくさんいただける、子ども達に愛される教材となりました。これは『おひさま』の刊行にあたりご協力くださった皆様、『おひさま』を使ってくださっている皆様のおかげです。心よりお礼を申し上げます。

そして、岡野秀夫さん、市川麻里子さん、坂本麻美さんをはじめ、くろしお出版の方々には、『おひさま』に引き続き、本書『おひさまワークブック』においても、言葉に尽くせぬほどお世話になりました。心ときめくイラストを描いてくださった坂木浩子さん、鈴木祐里さん、畠中美幸さんにも感謝の気持ちでいっぱいです。

本書も、世界中で「子どもに楽しく日本語を教えたい！」と思っていらっしゃる先生方、保護者の皆様に様々なかたちでご活用いただけることを願っております。

2022 年

著者一同

もくじ

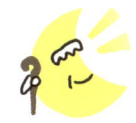

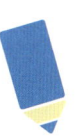

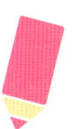

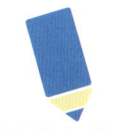

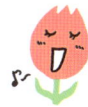

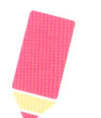

● 本書の特徴

1 マルチリンガル・バイリンガルの子どもが対象

マルチリンガル（複数の言語を使用する人）やバイリンガルの子ども達が対象です。海外在住の日本人家庭の子ども、帰国子女、外国人の子どもなどにお使いいただけます。

2 多様なトピック、国際感覚を養う内容で日本語を学ぶ

「ごはん・おやつ」「季節・天気」など生活に関わるトピックから、「世界の国」「動物」「環境」「宇宙」など、子どもの知的好奇心を刺激し、思考や内面を豊かにするトピックを選び、構成しています。日本だけでなく、世界の国々に視野を広げながら、国際感覚を養うことができます。

3 読み書きの力を身につける

『おひさま』（教科書）は、聞く・話す活動を中心に構成していましたが、本書は、読む・書く活動を中心とした構成となっています。

● 本書の使い方

本書の構成

本冊（ことばの活動、読み物）と別冊（ひらがな・カタカナ練習帳）に分かれています。本冊と並行して別冊を使うことも可能ですし、別々にお使いいただくこともできます。また、『おひさま』シリーズの WEB サイトには、『おひさまワークブック』の解答例、読み物で利用できる WEB サイトなどを掲載しています。

各活動のねらいとやり方

ことばの活動

語彙・表現・文法の定着を目指します。『おひさま』の内容がベースとなっていますが、ワークブックだけでも使いやすいよう工夫してあります。子どもが楽しみながら取り組めるよう、様子を見ながら進めてください。

読み物

各トピックに合わせた読み物です。手紙や日記、お話など様々な読み物を通して、読解力と思考力を高めます。本書には、内容理解だけでなく、想像力を働かせたり、自分の考えを書いたりする問題もあります。大人が期待する答えにならなくても構いません。ぜひ、子ども達の発想やアイデアを尊重して、自由に表現してもらってください。日本語だけで答えを書くのが難しい場合は、別の言語で書いてから、日本語でどう表現するのかを一緒に考えるのも一つの方法です。

ひらがな・カタカナ練習帳（別冊「かきかた」）

五十音順ではなく、一筆で簡単に書ける文字から練習ができます。なぞり書きの部分の説明（例：「し」は「うえからしたに」「みぎにまがって」「すこしうえに」）を参考に、書き方も具体的に教えてあげてください。また、本書だけで書く練習が足りない場合は、WEB サイトに練習シートがありますので、適宜ご活用ください。

ひらがな・カタカナの習得には、個人差があります。数回でスッときれいに書ける子どももいれば、ゆっくり覚える子どももいます。書き順通りに、整った字を書かせることを最優先にするのではなく、楽しく文字に慣れることに重点をおいてください。また、覚えたはずのひらがな・カタカナを子どもが忘れてしまうこともよくあります。忘れてしまっても、脳の中から消え去っているわけではありません。繰り返し練習することで、確実に定着に近づきますので、焦らず一歩一歩進みましょう。

星マーク（難易度）

星の数で、各活動の難易度を示しています。同じ教室に様々な年齢、日本語レベルの子どもが混在する場合、適宜その子どもにあった練習問題を使い分けてください。また、星のレベルによって、本書をカスタマイズ（例：１年目は星１つと２つの問題をメインに、２年目は星３つの問題をメインにするなど）もできます。

★ 入門レベル……学習項目である語彙や意味が理解できていれば解ける問題

★★ 基本レベル……学習項目である語彙や意味を理解し、使えるレベルであれば解ける問題

★★★ 応用レベル……自分で考え、想像するなど、複雑な思考や表現を必要とする問題

『おひさま』シリーズ WEB サイト

https://www.9640.jp/ohisama/

・本書の解答例

・リンク集（読み物で利用できる WEB サイト）

・ひらがな・カタカナ練習シート

だい 1 ぽ

ぼく・わたし

1 ★

にほんごは　どれですか。○を　つけましょう。
ほかにも　しって　いる　ことばが　あれば　◎を　つけましょう。

Thank you	ありがとう	谢谢	감사합니다
Danke schön	Gracias	Obrigada	

2 ★

えと　あいさつを　せんで　つなぎましょう。

ただいま　　ありがとう　　いただきます　　こんばんは

3 ★★

あなたの　なまえを　ひらがなで　かきましょう。
れい：はるき

4 ★★★

あなたの　なまえを　ほかの　くにの　ことばで　かきましょう。
れい：ハルキ、春樹、HARUKI、हारुकी・・・

5 ★★★

したの　えを　かぞえて、 ① から　⑤ の
たての　□に　かきましょう。
□の　ことばは　なんですか。

1
2
3
4
5

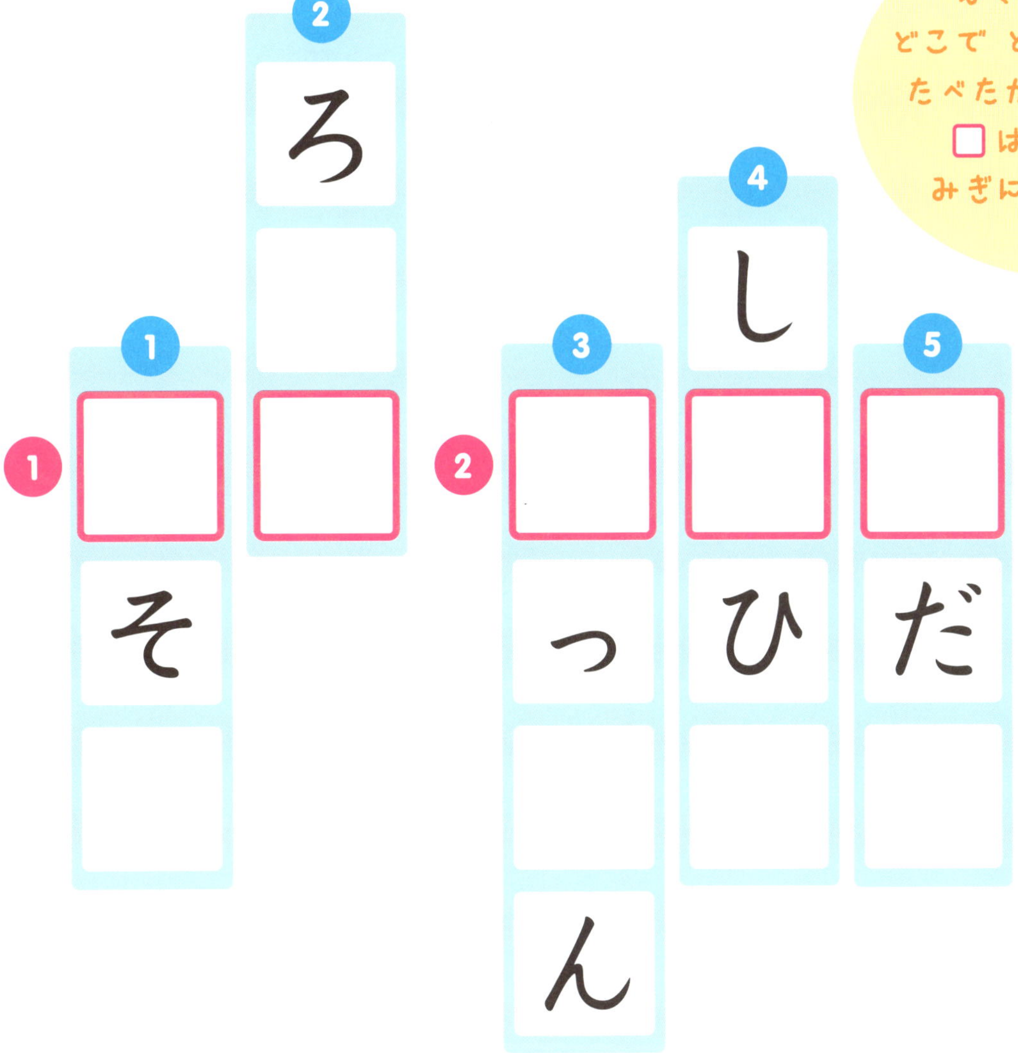
2
ろ
4
し
1
3
5
1
2
そ
っ
ひ
だ
ん

ぼくが　きょう
どこで　どんな　おやつを
たべたか　わかるかな。
□は　ひだりから
みぎに　よんでね。

6 ★★★

きょう（または　きのう）おやつに　なにを　いくつ
たべましたか。

わたし／ぼくは ＿＿＿＿＿＿＿ を ＿＿＿＿＿＿＿ たべました。
（なに）　（いくつ）

7 ★★★　てがみを　よんで　もんだいに　こたえましょう。

けいくんへ

こんにちは。ぼくは　ねこです。

なまえは　そらです。1《いっ》さいです。くろい　ねこです。

あしは　しろいです。みんな　よく「くつしたみたい！」と　いいます。

となりの　うちに　すんで　います。

ごはんは　キャットフード《きゃっとふーど》です。でも　ほんとうは　すしが　すきです。

キャットフード《きゃっとふーど》は　あまり　すきじゃ　ありません。

まいにち　テレビ《てれび》を　みます。アニメ《あにめ》が　すきです。

ぼくと　ともだちに　なって　ください。

そらより

1 ねこの　なまえは　なんですか。

____

2 ねこが　すきな　たべものは　なんですか。

____

3 あなたは　ねこと　ともだちに　なりたいですか。
どうしてですか。

ともだちに ________________ です。

（どうして？）

____

だい 2 ほ

かぞく

1 ★ したの　えを　みて　つぎの　ぶんが　あっていたら　○、まちがっていたら　×を　かきましょう。

（　　）けいくんには　いもうとが　います。
（　　）けいくんには　おねえちゃんが　います。
（　　）れなちゃんには　おとうとが　います。

2 ★★ したの　えを　みて　かぞえましょう。
それぞれ　なんにん　いますか。ひらがなで　かきましょう。

れい：おばあちゃん　さんにん

 おばあちゃん　 おじいちゃん　 おじちゃん　 おばちゃん

さんにん

3 ★★

「おとうさん」「おかあさん」「おとうと」を　みつけて
○を　つけましょう。　れい：おじちゃん

お	か	め	さ	ん	お
と	お	じ	ち	ゃ	ん
う	も			き	め
さ	う	お	と	う	と
ん	お	か	あ	さ	ん

4 ★★

あなたの　かぞくは　なんにんですか。

- - - - - - - - - - - - - - - - - - - -

5 ★★

かぞくの　たんじょうびは　いつですか。
ひらがなで　かきましょう。

れい：おかあさんの　たんじょうびは
ろくがつ　じゅうごにちです。

- - - - - - - - - - - - の　たんじょうびは

- - - - - - - がつ - - - - - - - - - です。

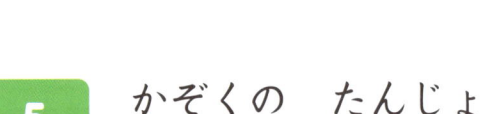

6 ★★★　おはなしを　よんで　もんだいに　こたえましょう。

あさ　おきると　おとうさんは　うさぎに　なって　いました。
ピンク《ぴんく》の　うさぎです。

「どうして　うさぎに　なったの？」
と　いもうとは　ききました。
「きのう　にんじんを　たくさん　たべたから。」
と　おとうさんは　いいました。
おかあさんは「かわいい！」と　いって　わらいました。
そして「こんどは　キャベツ《きゃべつ》を　たくさん　たべると
きっと　みどりの　うさぎに　なるよ。」と　いいました。

1 おとうさんは　なにを　たくさん　たべましたか。

2 だれが　わらいましたか。

3 あなたが　もし　どうぶつに　なれるなら　なにに　なりたいですか。

（なにに？）

（どうして？）

せかいのくに

1 ★ こっきに　いろを　ぬりましょう。

① ベトナム《べとなむ》

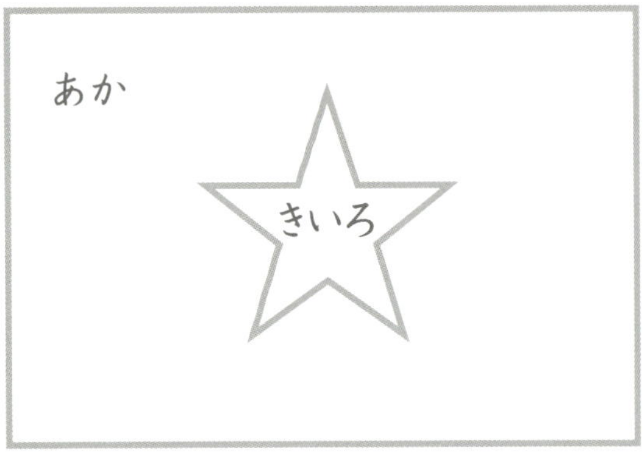

② オランダ《おらんだ》

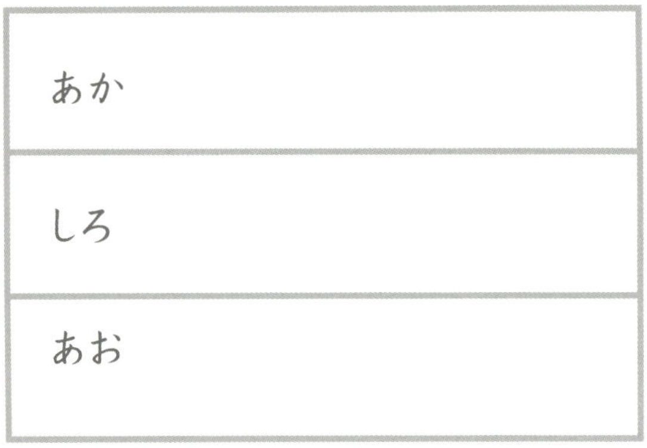

2 ★★ どの　こっきですか。せんで　つなぎましょう。

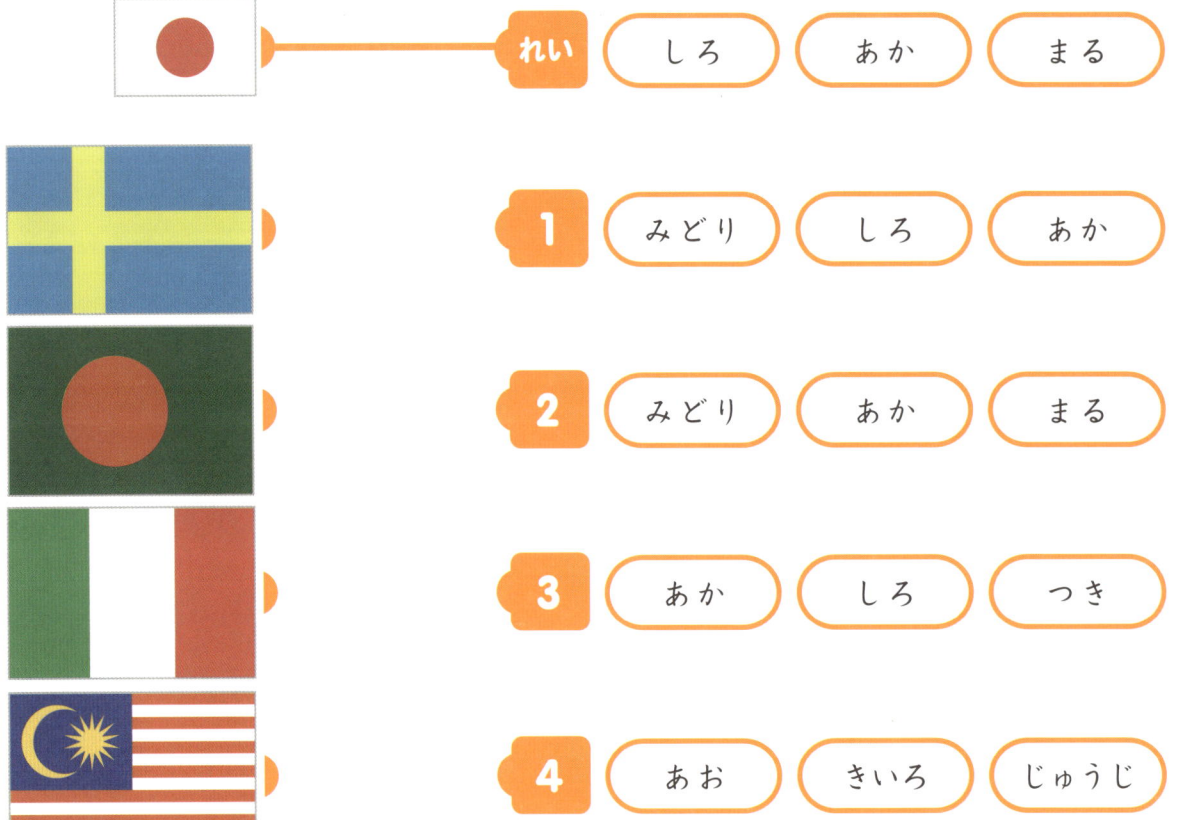

れい　しろ　あか　まる

1　みどり　しろ　あか

2　みどり　あか　まる

3　あか　しろ　つき

4　あお　きいろ　じゅうじ

3 ★★ えを　みて　ただしい　ほうに　○を　つけましょう。

❶［おおきい・ちいさい］ほしは　ひとつ
［おおきい・ちいさい］ほしは　よっつ　あります。

❷ほしは　つきより［おおい・すくない］です。

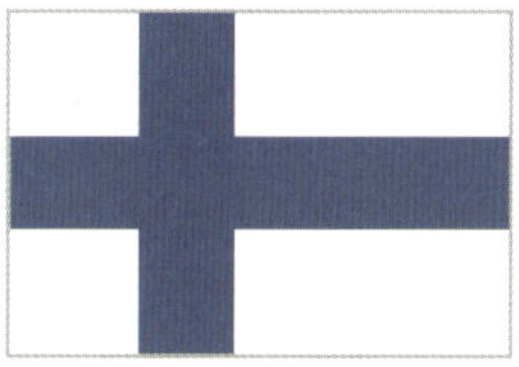

❸たての　せんは　よこの　せんより
［ながい・みじかい］です。

❹まんなかの　あおい　ところは
［まるい・しかくい］です。

4 ★★ いま　あなたが　すんで　いる　くにの
なまえを　かきましょう。

カタカナ《かたかな》で　かく
のが　むずかしい
ときは　ひらがなで
かいても いいよ

5 ★★★ あなたが　いきたい　くにの　なまえを
かきましょう。

6 ★★★ おはなしを　よんで　もんだいに　こたえましょう。

でんわで　ゆうきくんと　えりかちゃんが　はなして　います。

ゆうきくんは　にほんに、えりかちゃんは

オーストラリア《おーすとらりあ》に　います。

いま　にほんは　なつやすみです。

ゆうき：きょう　うみで　およいだよ。たのしかった！

えりか：いいなあ。こっちは　きょうも　さむいよ。

ゆうき：え？　さむいの？

えりか：うん。オーストラリア《おーすとらりあ》は　いま　ふゆなの。

ゆうき：そっかあ。にほんと　きせつが　ちがうんだね。

1 にほんの　きせつは　いつですか。

2 オーストラリア《おーすとらりあ》の　きせつは　いつですか。

3 オーストラリア《おーすとらりあ》の　こっきには　ほしが　あります。
ほかにも　ほしが　ある　こっきを　2《ふた》つ
みつけて　くにの　なまえを　かきましょう。

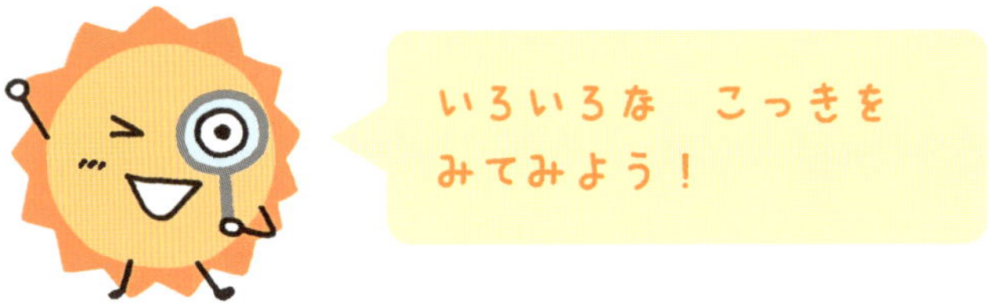

参考 Web サイト

だい
4
ほ

にほん

1 ★

「にほん」「さくら」を　みつけて　◯を　つけましょう。

れい：すし

ぬめすしさくにほんりへはえせさくらす

2 ★★

えを　みて　ただしい　ほうに　◯を　つけましょう。

① ふじさんは　ちゃいろい　やま　より　［たかい・ひくい］です。

ふじさん

② ちゃいろい　やまは　ふじさんより　［たかい・ひくい］です。

3 ★★

えを　みて　□に　はいる　ひらがなを　かきましょう。

①

す
□か

②

う
ど
お□せん

③

□つまいも
く
ら

4 ★★

にほんの　なにが　すきですか。たくさん　◯を　つけても
いいです。___に　じゆうに　かいても　いいです。

たべもの　ゲーム《げーむ》　アニメ《あにめ》　のりもの　キャラクター《きゃらくたー》

---

5 ★★★

いえの　なか（または　まちの　なか）で　にほんの
ものを　みつけて　なまえと　えを　かきましょう。

れい：おかし、カードゲーム《かーどげーむ》、くるま、ようふく

なまえ

え

6 ★★★ にっきを　よんで　もんだいに　こたえましょう。

ぼくは　アメリカ《あめりか》に　すんで　います。
なつやすみに　にほんの　おじいちゃんの　うちへ　いきました。
おじいちゃんは　やさしいです。
まいにち　おいしい　ごはんを　つくって　くれます。
おじいちゃんと　いっしょに　いろいろな　ところへ　いきました。
しんかんせんで　しずおかけんへも　いきました。
しんかんせんは　はやかったです。
そして　ふじさんに　のぼりました。
とても　あつかったけど　たのしかったです。

1. しんかんせんで　どこへ　いきましたか。

2. なにに　のぼりましたか。

3. にほんの　どこへ　いきたいですか。どうしてですか。

（どこへ？）

（どうして？）

参考 Webサイト

だい
5
ほ

ごはん・おやつ

1 ★ ただしい　ほうに　○を　つけましょう。

① ジュース《じゅーす》は

［さむい・つめたい］

② おんせんは

［あつい・からい］

③ とうがらしは

［あつい・からい］

2 ★★ したの　たべものは　なんですか。
□に　ひらがなを　かきましょう。

おにぎ□

あ□

せんべ□

□らあげ

3 ★★ したの　あじの　たべものは　なにか　かんがえましょう。1《ひと》つは　しゃしんを　みて、もう1《ひと》つは　じぶんで　かんがえて　かきましょう。　れい：からい ＝ カレー《かれー》　とうがらし

① あまい　ものは　なんですか。

② しょっぱい　ものは　なんですか。

③ すっぱい　ものは　なんですか。

4 ★★★ あなたが　レストラン《れすとらん》の　シェフ《しぇふ》なら　どんな　メニュー《めにゅー》を　つくりますか。かんがえて　かきましょう。

れい：ハンバーグ《はんばーぐ》、エビフライ《えびふらい》、
スパゲティ《すぱげてぃ》、プリン《ぷりん》、サラダ《さらだ》

5 ★★★ 「わたしは　だれでしょうクイズ《くいず》」です。
よんで　もんだいに　こたえましょう。

わたしは　とても　あまいです。

よく　クリーム《くりーむ》や　くだものが　のって　います。

チョコレート《ちょこれーと》や　チーズ《ちーず》とも　なかよしです。

フワフワ《ふわふわ》で　やわらかいです。まるい　かたちが　おおいです。

あなたも　たんじょうびに　わたしを　たべるかも　しれません。

あ！たべた　あとは　はみがきを　わすれないで　くださいね。

はみがきを　しないと　むしばに　なって　しまいます。

さあ　わたしは　だれでしょう？

1「わたし」は　どんな　あじですか。◯を　つけましょう。

あまい　　からい　　にがい　　すっぱい

2「わたし」には　よく　なにが　のって　いますか。

__________ や __________ が　のって　います。

3「わたし」は　だれですか。

____

だい
6
ぽ

やさい・くだもの

1 ★

しゃしんを　みて　（　）の　いろで　○を　つけましょう。

れい：おおきい　じゃがいも（あか）

1 おおきい　りんご（あお）　2 ちいさい　じゃがいも（みどり）

3 ほそい　にんじん（きいろ）　4 みじかい　なす（くろ）

2 ★★

はんたいごを　かきましょう。

れい：あつい ⇔ さむい

1 おおきい ⇔ □□さ□

2 ふ□□ ⇔ ほそい

3 ながい ⇔ み□□□

3 ★★

しりとりで　つなぎましょう。

① ばなな ➡ □す ➡ す□か

② かき ➡ きゅ□り ➡ り□ご

③ はく□い ➡ い□ご ➡ ごぼう

4 ★★★

① いちばん　よく　たべる　やさいと　くだものは　なんですか。
② どんな　いろですか。
③ どんな　かたちですか。

1．やさい	1．くだもの
2．いろ	2．いろ
3．かたち	3．かたち

5 ★★★ にっきを　よんで　もんだいに　こたえましょう。

きのう　おばあちゃんの　うちへ　いきました。

にわで　トマト《とまと》を　5《いつ》つ　とりました。

それから　なすを　4《よん》ほん、きゅうりを　2《に》ほん　とりました。

「どうして　こんなに　やさいが　できるの？」と　きいたら

「おばあちゃんは　やさいと　おともだちだから。」

と　いって　おばあちゃんは　わらいました。

わたしは　おばあちゃんの　やさいが　だいすきです。

なぜなら　おひさまの　においが　するからです。

1 おばあちゃんの　にわで　なにを　とりましたか。
3《みっ》つ　かきましょう。

2 「やさいと　おともだちだから。」の　いみは　なんですか。
◯を　つけましょう。

(　　) やさいに　おもちゃを　もらった。

(　　) やさいの　ことを　よく　しって　いる。

(　　) やさいと　いっしょに　よく　こうえんで　あそぶ。

3 トマト《とまと》は　どんな　りょうりに　はいって　いますか。
2《ふた》つ　かきましょう。

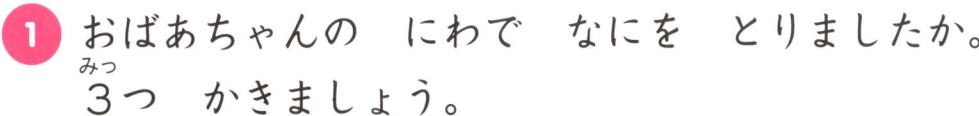

だい 7 ほ

おこのみやき

1 ★ ことばと　えを　せんで　つなぎましょう。

やく　　いれる　　まぜる　　きる

2 ★★ したの　なかから　えらんで　かきましょう。

いか　たまご　きゃべつ

1 はっぱの　やさいです。

2 うみの　いきものです。

3 まるいです。にわとりが　うみます。

3 ★★ たまごは　いくつですか。ひらがなで　かきましょう。

れい：ひとつ＋ひとつ＝ふたつ

1 あわせて

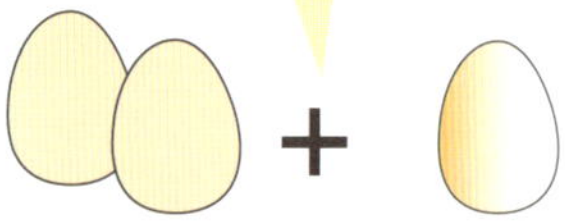

ふたつ　＋　ひとつ　＝

2

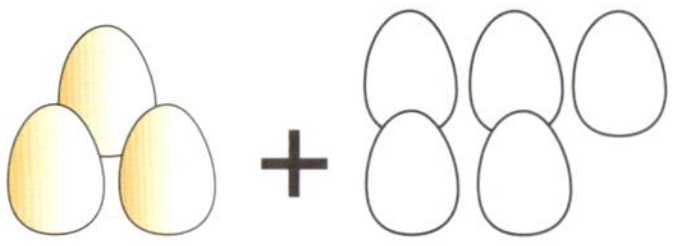

みっつ　＋　いつつ　＝

4 ★★ おこのみやきの　つくりかたです。□に　ひらがなを　かきましょう。

1. きゃべつを□る
2. ざいりょうを　ボウル《ぼうる》に□れる
3. ざいりょうを□ぜる
4. フライパン《ふらいぱん》で　や□

5 ★★★ せかいには　いろいろな　パンケーキ《ぱんけーき》が　あります。

1. たべたい　パンケーキ《ぱんけーき》に　ひとつ　○を　つけましょう。

にほん	フランス《ふらんす》	かんこく	
ホットケーキ《ほっとけーき》	クレープ《くれーぷ》　ガレット《がれっと》	チヂミ《ちぢみ》	じゆうに　かいても　いいです。
	 iStock.com/Pronina_Marina		
(　　)	(　　)	(　　)	

2. うえで　えらんだ　パンケーキ《ぱんけーき》には　なにを　のせたら　おいしいと　おもいますか。れい：いちご、はちみつ、チーズ《ちーず》

6 ★★★ ぶんしょうを　よんで　もんだいに　こたえましょう。

おこのみやきを　しって　いますか。

こむぎこ、たまご、みず、キャベツ《きゃべつ》などで　つくります。

おこのみやきは　えいごで“Japanese pancake《じゃぱにーず ぱんけーき》”、

つまり　にほんの　パンケーキ《ぱんけーき》です。

せかいには　いろいろな　パンケーキ《ぱんけーき》が　あります。

たとえば　ポフェルチェ《ぽふぇるちぇ》は　オランダ《おらんだ》の　パンケーキ《ぱんけーき》です。

さとうや　シロップ《しろっぷ》を　かけます。

くだものや　やさいなどは　のせません。

ちいさいので　ひとくちで　たべられます。

1 “Japanese pancake《じゃぱにーず ぱんけーき》”の　いみは　なんですか。
◯を　つけましょう。

(　　)にほんのパンダ《ぱんだ》　(　　)にほんのパン《ぱん》　(　　)にほんのパンケーキ《ぱんけーき》

2 ポフェルチェ《ぽふぇるちぇ》の　しゃしんに　◯を　つけましょう。

3 せかいの　パンケーキ《ぱんけーき》を　ひとつ　えらんで　せつめいしましょう。

れい：ホットケーキ《ほっとけーき》、クレープ《くれーぷ》、チヂミ《ちぢみ》、ブリヌイ《ぶりぬい》、ロティ《ろてぃ》

(なに？)＿＿＿＿＿＿＿＿＿＿

(どんな？)＿＿＿＿＿＿＿＿＿＿＿＿＿＿＿＿＿＿＿＿

だい
8
ぽ

たんじょうび

1 ★

えを　みて　ただしい　ほうに　○を　つけましょう。

① ぼくは　おとうさんに　えを
[くれました　あげました]。

② わたしは　おばあちゃん、
おじいちゃんに　じてんしゃを
[あげました　もらいました]。

2 ★★

ろうそくは　なんぼんですか。ひらがなで　かきましょう。

れい： = にほん

①  = □□□□

②  = □□□□

③  = □□□□□

3 ★★

それぞれ　あなたが　なんさいの　ときでしたか。
おうちの　ひとに　きいて、ひらがなで　かきましょう。

① はじめて　あるいたのは？

＿＿＿＿＿＿さい

② はじめて　はなしたのは？

＿＿＿＿＿＿さい

③ はじめて　じてんしゃ（または　さんりんしゃ）に　のったのは？

＿＿＿＿＿＿さい

4 ★★★

きょうは　どうぶつたちの　たんじょうびです。
だれに　なにを　あげたいですか。
せんで　つないで　こえに　だして　よみましょう。
いろいろな　こたえが　あります。

れい：ぞうに　とても　おおきい　シャワー《しゃわー》を　あげたいです。

とても
おおきい　シャワー《しゃわー》

ながい　みみつきの
ニット《にっと》の　ぼうし

ひまわりの　たねが
はいる　バッグ《ばっぐ》

たくさんの　バナナ《ばなな》

じゆうに　かいても　いいです。

5 ★★★ にっきを　よんで　もんだいに　こたえましょう。

きのうは　おかあさんの　たんじょうびでした。

おかあさんは　いつも　なにも　いらないと　いいます。

でも　なにか　つくって　プレゼント《ぷれぜんと》すると　よろこびます。

ことしは　カード《かーど》を　あげようと　おもいました。

「おたんじょうび　おめでとう。いつも　ありがとう。」

と　えんぴつで　ゆっくり　ていねいに　かきました。

カード《かーど》を　あげると　おかあさんは

とても　うれしそうに　つくえに　かざって　くれました。

1 きのうは　なんの　ひ　でしたか。

____

2 おかあさんは　カード《かーど》を　どこに　かざって　くれましたか。

________________ に　かざって　くれました。

3 あなたなら　おたんじょうびの　カード《かーど》に　なにを　かきたいですか。

____

____

____

だい
9
ほ

おしょうがつ

1 ★ ことしは　なにどしですか。あかで　◯を　つけましょう。

2 ★ おうちの　ひとは　なにどしですか。
あおで　◯を　つけましょう。

3 ★★ したから　ことばを　えらんで　＿＿に　かきましょう。

はねる　すわる　なく　はしる

① うまが　パカパカ《ぱかぱか》 ＿＿＿＿＿＿＿＿

② うさぎが　ピョンピョン《ぴょんぴょん》 ＿＿＿＿＿＿＿＿

③ ねずみが　「チューチュー《ちゅーちゅー》」と ＿＿＿＿＿＿＿＿

④ いぬが　しっぽを　パタパタ《ぱたぱた》させて ＿＿＿＿＿＿＿＿

4 ★★

にほんの　おしょうがつです。
ことばと　しゃしんを　せんで　つなぎましょう。

おせちりょうり　　かがみもち　　ししまい　　たこあげ

5 ★★

ことしの　おしょうがつに　なにを　たべましたか。

6 ★★★

ねんがじょうを　よういして　かきましょう。

① ねんがじょうを　だれに　おくりたいですか。

② れんしゅう　しましょう。

あけまして　おめでとう
あけまして　おめでとう

えとの　どうぶつの
えも　かいてみよう。

7 ★★★　おはなしを　よんで　もんだいに　こたえましょう。

むかしむかし　かみさまが　どうぶつたちに　いいました。
「おしょうがつの　あさ　わたしの　ところに　きなさい。
それで　じゅうにしを　きめよう。」
ねこは　いく　ひを　わすれて　ねずみに　ききました。
ねずみは　「いちがつ　ふつかだよ。」と
ねこに　うそを　つきました。
ねこは　いちにち　おくれたので　じゅうにしに
なれませんでした。だから　いまでも　おこって
ねずみを　おいかけるそうです。

1　いちにち　おくれたのは　だれですか。

2　あなたが　ねこだったら　ねずみに　なんと　いいますか。
えらんでも　じぶんで　かいても　いいです。

（　　）「ねずみさん　ひどいよ」
（　　）「どうして　うそを　ついたの？」
（　　）「ねずみさん　いっしょに　あそぼう」
（　　）

3　あなただったら　どの　どうぶつを　じゅうにしに　しますか。

だい
10
ぽ

いろいろなぎょうじ

1 ★★

ヒント《ひんと》を　みて　1から　5の　たての　□に　ことばを
いれましょう。あかい　□の　ことばは　なんでしょう。

ヒント《ひんと》1
ははの　ひに
だれに
プレゼント《ぷれぜんと》を
あげますか。

ヒント《ひんと》3
まるくて
やわらかい　おかし

ヒント《ひんと》5
ひなにんぎょうを
かざる　おまつり

1	2	3	4	5
				な
		だ		
お				
	み			
さ				

ヒント《ひんと》4
せつぶんでは「●●は
そと、ふくは　うち」と
いいます。

ヒント《ひんと》2
つきを　みて
たのしむ　こと。
だんごも　たべます。

2 ★★ どの　ぎょうじですか。したの　□から　えらんで
かきましょう。

① いちねんの　はじめです。
「あけまして　おめでとう」と　いいます。

---

② じぶんの　としと　おなじ　かずだけ　まめを　たべたり
「おには　そと、ふくは　うち」と　いって
まめを　なげたり　します。

---

③ ねがいを　かいた　たんざくを
ささに　かざります。

たなばた

おしょうがつ

せつぶん

3 ★★★ ① あなたが　いちばん　すきな　ぎょうじは　なんですか。
ほかの　くにの　ことばで　かいても　いいです。

れい：クリスマス《くりすます》

---

② その　ぎょうじは　なんがつですか。
ひらがなで　かきましょう。

---　がつ

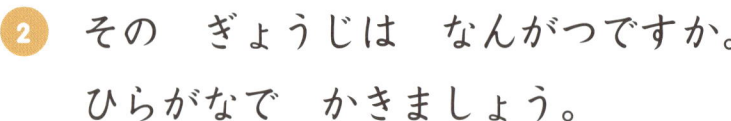

4 ★★★ おはなしを　よんで　もんだいに　こたえましょう。

むかしむかし　そらの　うえに　おりひめと　ひこぼしが　いました。
おりひめと　ひこぼしは　けっこんして　いました。
でも　ふたりの　あいだに　「あまのがわ」が　あります。
だから　かんたんに　あえません。
ふたりは　いちねんに　いちどだけ　あえます。
それが　しちがつ　なのかの　たなばたです。

たなばたには　ささに　ねがいを　かいた　たんざくを　かざります。
おりひめと　ひこぼしの　ように　たんざくの　ねがいも
かなうと　いいですね。

1 おりひめ、ひこぼしの　あいだに　なにが　ありますか。

2 おりひめと　ひこぼしは　いつ　あえますか。

3 あなたなら　たんざくに　どんな　ねがいを　かきますか。

「たなばた」の
おはなしを　みてみよう

参考 Web サイト

だい11ぽ

どうぶつ

1 ★★ かくれて　いる　どうぶつの　なまえを　かきましょう。

2 ★★ しりとりで　つなぎましょう。
あてはまる　どうぶつは　なんですか。

① かっこう → □□ → まんぼう

② ねこ → □□□ → らくだ

3 ★★ どんな　どうぶつですか。
しゃしんを　みて　ことばを　かきましょう。

① しろと □□ の　しましまです。

② くびが　とても □□□ です。

③ あしが は□□ です。

4 ★★★ あなたなら　どの　どうぶつに「しょう」を
あげますか。かんがえて　かきましょう。

れい：からだが　ちいさいで　しょう。　ねずみ

① からだが　おおきいで　しょう。 ------

② あたまが　いいで　しょう。 ------

③ ひとと　なかよしで　しょう。 ------

④ なきごえが　うるさいで　しょう。 ------

ぼくだったら……1は　ぞう、2は　いぬ、
3は　ねこ、4は　からすかな。
きみは　どの　どうぶつに　した？　どうして？
おうちの　ひとに　はなして　あげてね。

からだが
ちいさいでしょう

5 ★★★ おはなしを　よんで　もんだいに　こたえましょう。

きょう　どうぶつえんへ　いきました。

わたしが　いちばん　すきなのは　ペンギン《ぺんぎん》です。

わたしは　ペンギン《ぺんぎん》を　みながら　おかあさんと　はなして　いました。

「ペンギン《ぺんぎん》は　そらを　とべないんだよね。」

すると　ペンギン《ぺんぎん》が　わたしたちを　みて　いいました。

「でも　はやく　およげる。もぐるのも　さかなを　とるのも　とくい！

できない　ことより　できる　ことを

だいじに　しようよ。」

1 どこへ　いきましたか。○を　つけましょう。

どうぶつえん　スーパーマーケット《すーぱーまーけっと》　ゆうえんち　えいがかん

2 ペンギン《ぺんぎん》は　なにが　できますか。3《みっ》つ　かきましょう。

3 あなたが　じょうずに　できる　ことを　3《みっ》つ　かきましょう。

だい
12
は

きょうりゅう

1 ★★ どの　きょうりゅうですか。
ぶんと　しゃしんを　せんで　つなぎましょう。

とても　おおきくて　くびが　ながいです。

くちばしが　ながくて　そらを　とびます。

あたまに　つのが　あります。

プテラノドン《ぷてらのどん》

Valentyna Chukhlyebova/Shutterstock.com

トリケラトプス《とりけらとぷす》

Dotted Yeti/Shutterstock.com

ブラキオサウルス《ぶらきおさうるす》

Herschel Hoffmeyer/Shutterstock.com

2 ★★ あなたは　どちらの　ほうが　かっこいいと　おもいますか。
えを　みて　きょうりゅうの　なまえを　かきましょう。

ティラノサウルス《てぃらのさうるす》

Warpaint/Shutterstock.com

ステゴザウルス《すてござうるす》

Herschel Hoffmeyer/Shutterstock.com

＿＿＿＿＿＿＿＿＿＿　より

＿＿＿＿＿＿＿＿＿＿　の　ほうが　かっこいいです。

3 ★★

ただしい　なまえに　なるように　てんてん（゛）、まる（゜）を　つけましょう。（ヒント《ひんと》は　まえの　ページ《ぺーじ》です）

トリケラトフス　　ステコサウルス　　フテラノトン

4 ★★

えを　みて　ただしい　ぶんに　◯を　つけましょう。2《ふた》つ　あります。

（　　）きょうりゅうは　ぞうより　おおきいです。

（　　）ぞうは　うさぎより　ちいさいです。

（　　）きょうりゅうは　いちばん　おおきいです。

（　　）ひとは　いちばん　ちいさいです。

5 ★★★

すきな　きょうりゅうの　なまえを　カタカナ《かたかな》で　かきましょう。ほかの　くにの　ことばでも　かいて　みましょう。

れい：ティラノサウルス、Tyrannosaurus

カタカナ《かたかな》

ほかのくにのことば

おうちの　ひとと
いっしょに　しらべて
かいても　いいよ。

6 ★★★ インタビュー《いんたびゅー》を　よんで　もんだいに　こたえましょう。

きょう　ティラノサウルス《てぃらのさうるす》の　ティ《てぃ》さんに　インタビュー《いんたびゅー》しました。

わたし　：いちばん　すきな　たべものは　なんですか。
ティ《てぃ》さん：にくです。ハンバーガー《はんばーがー》とか　からあげとか
にくなら　なんでも　すきです。
わたし　：アイスクリーム《あいすくりーむ》は　すきですか。
ティ《てぃ》さん：アイスクリーム《あいすくりーむ》は　ちょっと……。
あまい　ものは　にがてなんです。
わたし　：スポーツ《すぽーつ》は　すきですか。
ティ《てぃ》さん：はい、よく　サッカー《さっかー》を　します。
でも、てが　みじかいから　ゴールキーパー《ごーるきーぱー》は
できません。
わたし　：なるほど。ありがとうございました。

1 ティ《てぃ》さんが　いちばん　すきな　たべものは　なんですか。

2 どうして　ゴールキーパー《ごーるきーぱー》を　しないと　いって　いますか。

3 あなたなら　ティ《てぃ》さんに　なにを　ききますか。

だい
13
ぽ

はな・き

1 ★★

はなの　なまえが　4《よっ》つ　かくれて　います。みつけて　◯を　つけましょう。みぎしたの　ヒント《ひんと》を　みても　いいです。

さ	く	ら	う	め
ひ	た	は	ら	ひ
む	ん		き	ま
ぬ	ぽ	ば	ら	わ
い	ぽ	か	ほ	り

れい：

ヒント《ひんと》

2 ★★

えを　みて　□に　はいる　ひらがなを　かきましょう。

① おやゆびひめは [は][　] の　なかに　いる。

② うさぎは [　] が　でて　よろこんだ。

③ かえるは [は][っ][　] の　かさを　さして　いる。

3 ★★ なにを　して　いる　しゃしんですか。□に　はいる
ひらがなを　かきましょう。

① たねを

ま□

② みずを

や□

③ はなが

さ□

4 ★★★ もし　あなたが　なまえを　つけるなら　どんな
なまえに　しますか。にほんごで　かいても
ほかの　くにの　ことばで　かいても　いいです。

①

「ウサギゴケ《うさぎごけ》」
ちゅうごくごでは
「小白兎《しゃおばいつー》」。「ちいさい
しろうさぎ」と
いう　なまえだよ。

②

「ロブスター《ろぶすたー》の　はさみ」
えいごでは
「lobster claw《ろぶすたー　くろー》」
だよ。

5 ★★★ ぶんしょうを　よんで　もんだいに　こたえましょう。

ひまわりは　なつの　はなです。
むかし、きたアメリカ《あめりか》の　はなでした。
たねは　ネイティブアメリカン《ねいてぃぶあめりかん》の　たべものでした。
たねは　ちいさくて　くろいです。
しろと　くろの　しましまに　みえる　ことも　あります。
たねを　うえて　みずを　やると　めが　でます。
さいしょの　はっぱは　２《に》まいです。
それから　ぐんぐん　おおきく　なります。
はっぱも　どんどん　ふえます。
くきに　さわると　ざらざらします。
そして　はなが　さきます。きいろい　はなです。

1 ひまわりは　どの　きせつに　さきますか。

2 ひまわりの　たねは　なにいろですか。

3 あなたが　よく　みる　はな・きの　なまえを
２《ふた》つ　かいて　ください。

だい
14
ほ

せいかつ

1 ★★

えらんで　○を　つけましょう。

① きょうの　あさ、さいしょに　なにを　しましたか。

トイレ《といれ》

あさごはん

はみがき

かおを　あらう

② あなたが　ひとりで　できるのは　どれですか。
（たくさん　○を　つけても　いいです。）

きがえる

ほんを　よむ

おかいもの

シャワー《しゃわー》

2 ★★★

したの　えを　みて　りゆうを　せんで　つなぎましょう。
いろいろな　こたえが　あります。
りゆうを　じぶんで　かいても　いいです。

ねつが　ある

おなかが　いたい

せきが　でる

アイス《あいす》を　１０《じゅっ》こ　たべたから

かぜを　ひいたから

くうきが　とても　わるいから

3 ★★ シャンプー《しゃんぷー》で　からだの　どこを　あらいますか。
したの　えに　◯を　つけましょう。

4 ★★★ したから　ことばを　えらんで　からだの　なまえを
□に　かきましょう。

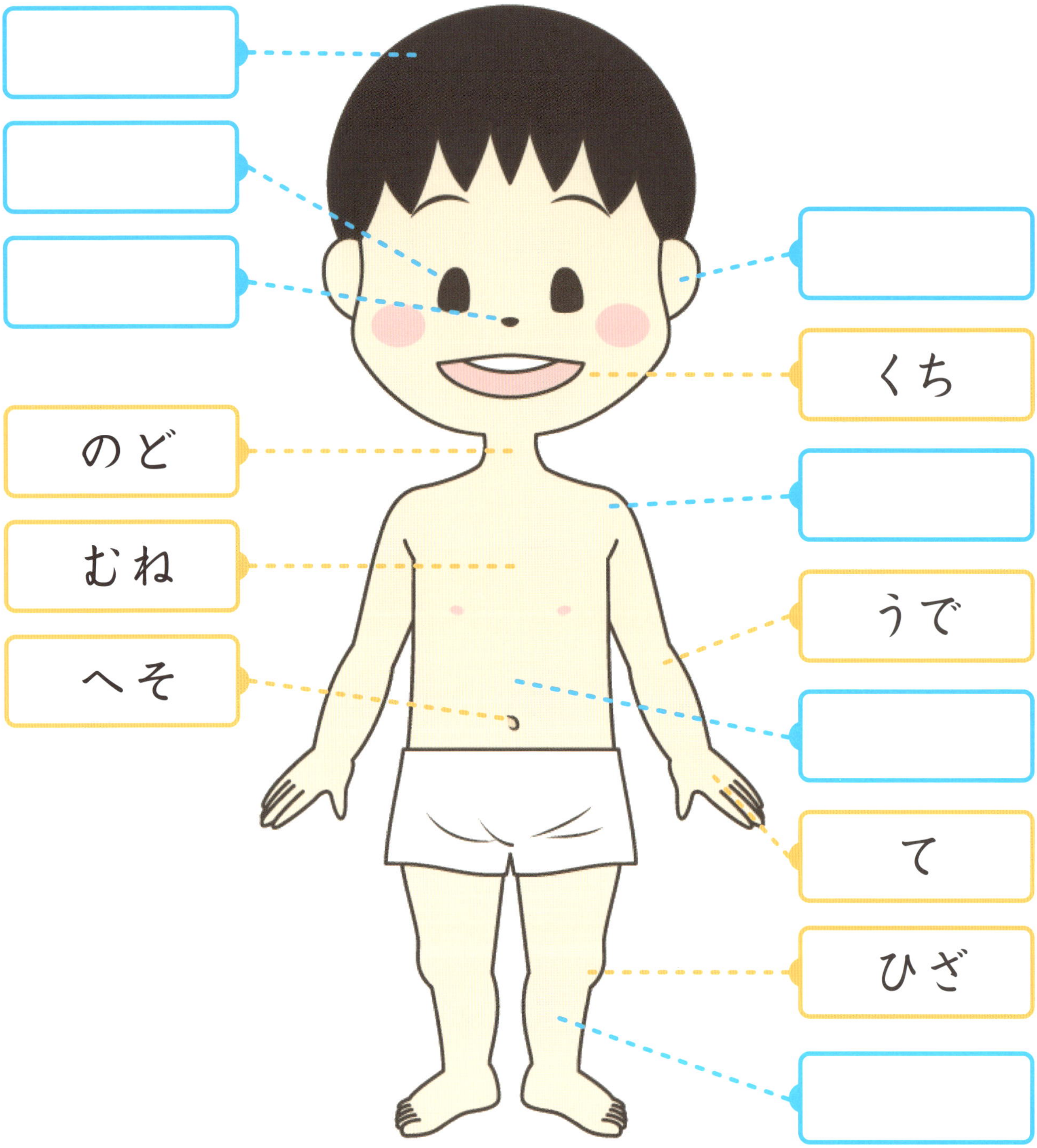

かた　はな　め　あし　おなか　みみ　あたま

5 ★★★ にっきを　よんで　もんだいに　こたえましょう。

きょう　びょういんへ　いくと　いぬの　おいしゃさんが　いました。
「どうしたんですか。」
まじめな　かおで　いぬが　きくので　ぼくも　まじめに　こたえました。
「おなかが　いたくて　はなみずが　でるんです。」
「ねつは　どうですか。」
「ねつは　ないです。」
いぬは「みずを　たくさん　のんで
ねると　いいですよ。」と　いいました。
ぼくは「わかりました。ありがとうございます。」
と　こたえました。

1「ぼく」は　どこが　わるいのですか。2《ふた》つ　○を　つけましょう。

2 いぬは　どう　すると　いいと　いいましたか。○を　つけましょう。

(　　)おかしを　たべて　ジュース《じゅーす》を　のむ
(　　)テレビ《てれび》を　みて　ゲーム《げーむ》を　する
(　　)みずを　たくさん　のんで　ねる

3 あなたは　かぜを　ひいた　とき　どうしますか。

だい
15
ほ

ふく

1 ★★ 「なかまはずれ」に　○を　つけましょう。

れい：きる

① はく

② かぶる

③ かける

④ する

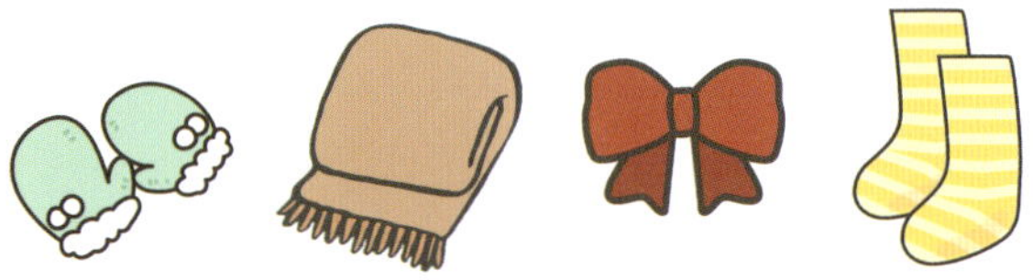

2 ★★ せんの　ことばを　ただしく　なおして　ください。

れい：ずぼんを　きる　➡　はく

① シャツ《しゃつ》を　はく

② くつを　つける

③ てぶくろを　かぶる

④ めがねを　きる

3 ★★★ あなたなら　どうしますか。かんがえて ＿＿ に　はいる ことばを　かきましょう。

れい：サッカー《さっかー》を　する　とき　ずぼん　を　はく。

❶ ゆきが　ふって　いる　とき ＿＿＿＿＿＿ を つける。

❷ うみで　およぐ　とき ＿＿＿＿＿＿ を　きる。

4 ★★★ どの　ふくが　すきですか。ひとつ　○を　つけましょう。そして　その　とおりに　ふくを　かきましょう。

(　　) ぼうし、はながらの　ワンピース《わんぴーす》

(　　) はんそでの　シャツ《しゃつ》、しましまの　ずぼん

(　　) チェック《ちぇっく》の　コート《こーと》、ずぼん、てぶくろ

(　　) みずたまの　パジャマ《ぱじゃま》、くつした

(　　)

じゆうに　かいてもいいよ

この　えの　うえに
ふくを　かいてね。

5 ★★★　おはなしを　よんで　もんだいに　こたえましょう。

あかおにと　あおおにが　はなして　います。

「あたらしい　パンツ《ぱんつ》が　ほしいなあ。」

「え？　ぼくらの　パンツ《ぱんつ》は　いい　パンツ《ぱんつ》で

つよい　パンツ《ぱんつ》　なんだよ。

うたも　あるのに。きのうも　こどもたちが　うたってたよ。」

「でも　もう　5《ご》ねんも　はいてるから。

みずたまの　パンツ《ぱんつ》を　はきたい。」

「ぼくも　チェック《ちぇっく》の　セーター《せーたー》を　かいたいな。」

「きっと　にあうよ。いっしょに　かいに　いこう。」

1 あかおには　おなじ　パンツ《ぱんつ》を　なんねん　はいて　いますか。

----

2 あかおには　どんな　もようの　パンツ《ぱんつ》が　はきたいですか。

3 あおおにに　にあう　パンツ《ぱんつ》は　なんだと　おもいますか。

れい：セーター《せーたー》と　おなじ　チェック《ちぇっく》の　パンツ《ぱんつ》

ことば	え

だい
16
ぽ

きせつ・てんき

1 ★★ ことばの　たしざん、ひきざんを　しましょう。

① あめ − め ＋ き ＝ ＿＿＿＿

② さむい − さい ＋ し ＝ ＿＿＿＿

2 ★★ えを　みて □に　はいる　ひらがなを　かきましょう。

①
□きごおり
□
い
す
い
よ
く

②
□たたかい
□
つ
い

③
□んせん
□
は
な
み

3 ★★ どの　きせつの　いろだと　おもいますか。
したから　えらんで　かきましょう。
いろいろな　こたえが　あります。

あき　はる　ふゆ　なつ

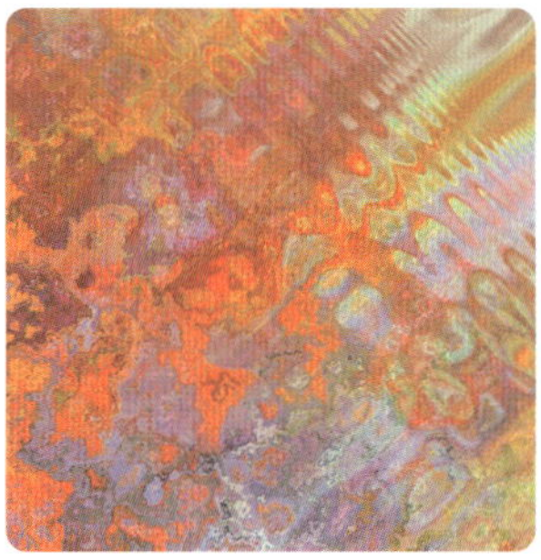

\-\-\-\-\-\-\-\-\-\-\-\-　\-\-\-\-\-\-\-\-\-\-\-\-　\-\-\-\-\-\-\-\-\-\-\-\-　\-\-\-\-\-\-\-\-\-\-\-\-

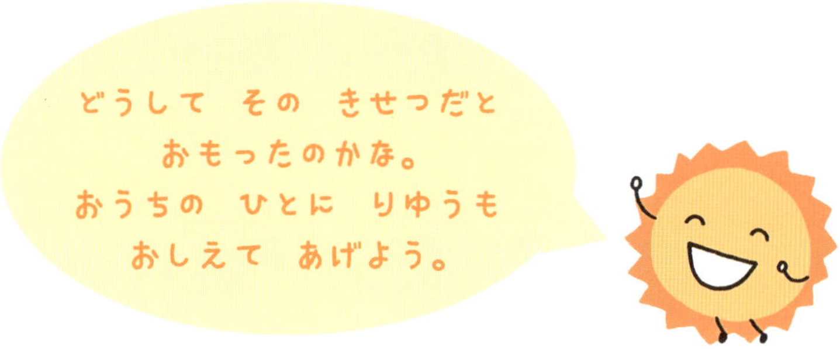
どうして　その　きせつだと
おもったのかな。
おうちの　ひとに　りゆうも
おしえて　あげよう。

4 ★★★ どんな　てんきの　ときに　したいですか。
かんがえて　かきましょう。　れい：はれ、あたたかいとき

① いぬの　さんぽ

② スケート《すけーと》

③ したいこと

てんき

3は　じゆうに
かいてね。

5 ★★★ おはなしを　よんで　もんだいに　こたえましょう。

あさ「きょうは　ゆきが　ふるかも　しれないわね。」と
おかあさんが　いいました。
がっこうに　つくと「きょう　あめが　ふるんだって！」と
まりあちゃんが　いいました。とても　うれしそうでした。
「え、ゆきでしょ？」と　わたしが　きくと
「ちがう。あめだよ。みて！」と　そとを　ゆびさしました。
そとを　みると　キャンディ《きゃんでぃ》が　ふって　いました。
みんなで　そとへ　でて　たくさん　ひろいました。

1 おかあさんと　まりあちゃんは　なにが　ふると　いいましたか。

おかあさん ＿＿＿＿＿＿＿＿　　まりあちゃん ＿＿＿＿＿＿＿＿

2 みんなで　そとへ　でて　なにを　しましたか。

＿＿＿＿＿＿＿＿＿＿＿＿＿＿＿＿

3 あなたは　そらから　なにが　ふって　ほしい　ですか。
どうしてですか。

（なに？） ＿＿＿＿＿＿＿＿

（どうして？） ＿＿＿＿＿＿＿＿

だい
17
ほ

ことばあそび

1 ★★ みぎから　よんでも　ひだりから　よんでも　おなじに　なる　ように　□に　ひらがなを　かいて　よんで　みましょう。

れい：かるい　いるか

① いかと　か□

② かきの　□　か

③ □　ぶん　ぶた

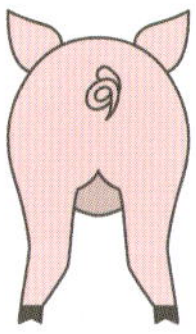

④ □　おい　おと

2 ★★ えを　ヒント《ひんと》に　おなじ　いいかたで　ちがう　いみの　ことばを　かきましょう。

れい：はしの　うえで　はしを　つかって　たべる。

① しろい　＿＿＿＿　を　みながら

＿＿＿＿　を　かわかす。

② ＿＿＿　を　みひらいて　＿＿＿　を　みる。

③ ふゆが　おわって　＿＿＿＿　が　きたので

シール《しーる》を　＿＿＿＿　。

3 ★★★

ぶんを　こえに　だして　よんでから　＿＿に　はいる
ことばを　かんがえて　じゆうに　かきましょう。

れい：アイス《あいす》は　あまい ➡ あまいは　さとう ➡ さとうは　しろい

① ボール《ぼーる》は　まるい ➡ まるいは　すいか ➡ すいかは　おおきい

➡ おおきいは　＿＿＿＿＿＿＿＿

② トマト《とまと》は　あかい ➡ あかいは　バラ《ばら》 ➡ バラ《ばら》は　いい　におい

➡ いい　においは　＿＿＿＿＿＿＿＿

③ チョコ《ちょこ》は　ちゃいろい ➡ ちゃいろいは　くま

➡ くまは　＿＿＿＿＿＿＿＿

➡ ＿＿＿＿＿＿＿＿　は　＿＿＿＿＿＿＿＿

4 ★★★

おなじ　いいかたで　ちがう　いみの　ことばと
えを　かきましょう。にほんごでも　ほかの　くにの
ことばでも　いいです。　れい：かみ

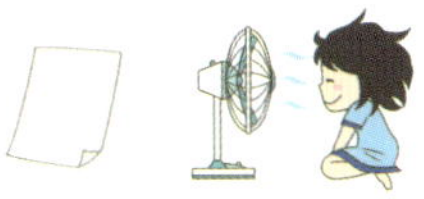

ことば	え	え

5 ★★★ おはなしを　よんで　もんだいに　こたえましょう。

たからの　ちず

おとうさんの　つくえは　とても　ふるいです。

おとうさんの　おじいちゃんの　おじいちゃんが

つかって　いたそうです。

きのう　つくえの　うしろを　みたら

ふるい　てがみと　ちずが　はって　ありました。

ぼくは　いそいで　おねえちゃんを　よびました。

「おねえちゃん、これ　なんだろう？」

「ちかくに　ある　しまの　ちずかな？　たからの　ちずかも！」

「でも　ぼくたち、まだ　ひらがなを　じょうずに　よめないよ。」

と　ぼくが　いうと

「ふたりで　よめば　だいじょうぶだよ！」

と　おねえちゃんが　いいました。

わたしは　かいぞくでした。

かいぞくを　やめるとき　たからものを　かくしました。

たからの　ちずの　✖は　うそです。

そこに　あるのは　わたしが　すてた　ごみです。

わっはっは！

ほんとうは　ちずの　いちばん　ひだりしたの

やまに　あります。

1 てがみと　ちずは　どこに　はって　ありましたか。

2 つくえは　だれが　つかって　いましたか。

3 たからものの　ばしょは　どこですか。したの　ちずに　◯を
つけましょう。

4 たからものは　なんだと　おもいますか。
かんがえて　かきましょう。

5 あなたの　たからものは　なんですか。

「たからさがし」と　いう
うたを　きいて　みよう

参考 Webサイト

だい **18** ぽ

むかしばなし

1 ★★ ヒント《ひんと》を　みて　ただしい　ほうに　○を　つけましょう。

1. うらしまたろうは［かめ・うさぎ］に　のった。
2. ももたろうは［いぬ・おに］を　たおした。
3. かぐやひめは［たけ・もも］から　うまれた。

ヒント《ひんと》

うらしまたろう

ももたろう

かぐやひめ

2 ★★ えを　みて　あてはまる　ことばを　かきましょう。

1. おじいさんが　おとした

□□□□は　ころころ　ころがった。

2. はなさかじいさんは

□□□の　はなを　さかせた。

3. □□は　かにを　いじめた。

3 ★★★

あなたなら　どうしますか。かんがえて　かきましょう。

① ももたろうは　いぬに　きびだんごを　あげました。

わたし／ぼくなら ＿＿＿＿＿＿＿＿ を　あげます。

② つるは　おれいに　ぬのを　おりました。

わたし／ぼくなら ＿＿＿＿＿＿＿＿ を　つくります。

③ いっすんぼうしは　とても　ちいさいので
おわんを　ボート《ぼーと》に　しました。

わたし／ぼくが　とても　ちいさかったら

＿＿＿＿＿＿＿＿＿＿＿＿＿＿＿＿＿＿＿＿

4 ★★★

あなたが　すきな　おはなしは　なんですか。
また　どんな　いきものが　でてきますか。
れい：ももたろう（ひと、いぬ、さる、きじ）　ぐりとぐら（ねずみ）

すきな　おはなしは?

でてくる　いきものは?

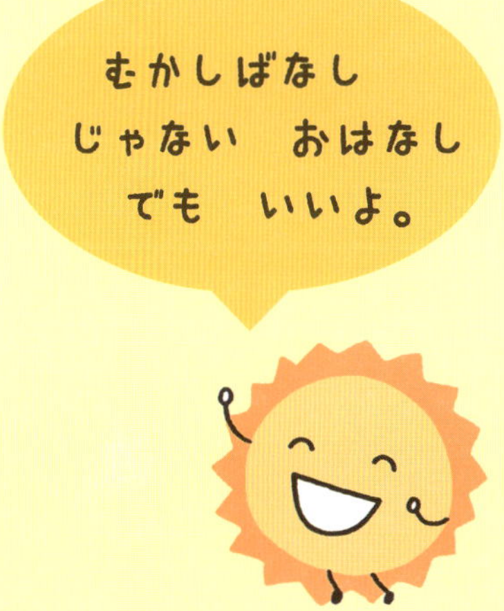
むかしばなし
じゃない　おはなし
でも　いいよ。

5 ★★★　おはなしを　よんで　もんだいに　こたえましょう。

ももたろうの　いぬ

ぼくは　いぬです。
あるひ　そとに　でたら　いい　においが　しました。
ちかづくと　おとこのこが　いました。
ももの　はちまきを　して　います。
「あ、ももたろうだ！　ももから　うまれたんだって！」と
むらの　ひとが　はなして　います。
ゆうめいな　ひとみたいです。
いい　においは　ももたろうの　きびだんごでした。

「ねえ。その　きびだんご　ひとつ　ちょうだい！」
ぼくは　ももたろうに　いいました。
「いいよ。いっしょに　おにたいじに　いくなら　あげるよ。」
ももたろうは　きびだんごを　ひとつ　くれました。
とちゅうで　さる、きじも　なかまに　なりました。

おにたいじは　とても　たいへんでした。
もう　ヘトヘト《へとへと》です。
あんなに　たくさん　おにが　いるとは　しりませんでした。
きびだんごは　ひとつじゃなくて　１０《じゅっ》こくらい
もらって　おけば　よかったです。

1 どうして　ももたろうから　いい　においが　しましたか。

2 とちゅうで　なかまに　なった　どうぶつを　2《ふた》つ
かきましょう。

3 あなたが　もし　いぬだったら　おにたいじに　いくまえに
ももたろうに　なんと　いいますか。

4 いぬは　きびだんごを　いくつ　もらいましたか。

5 あなたが　もし　ももたろうだったら　いぬ、さる、きじに
なにを　あげますか。

「ももたろう」の
おはなしを　みてみよう

参考 Webサイト

だい
19
ほ

せかいの おはなし

1 ★

どの　おはなしですか。□に　ばんごうを　かきましょう。

1 「わあ、おかしの　おうちだ！」
2 「かぼちゃの　ばしゃで　おしろへ　いくの。」
3 「れんがの　おうちは　じょうぶだよ。」
4 「くもに　のって　とんで　いくよ。」

□	□	□	□
		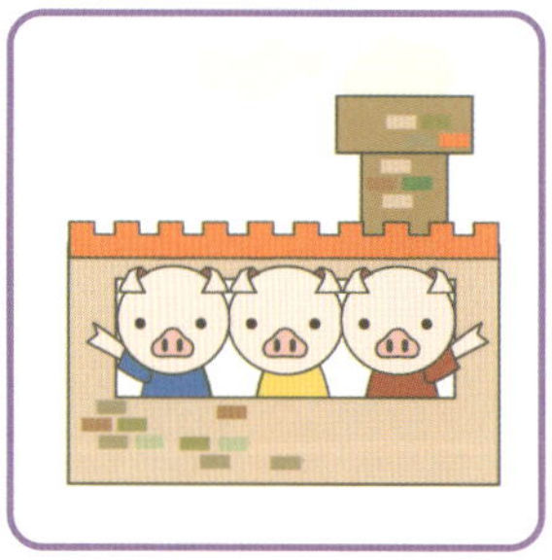	
ヘンゼル《へんぜる》とグレーテル《ぐれーてる》	さいゆうき	さんびきのこぶた	シンデレラ《しんでれら》

2 ★★

「ブレーメン《ぶれーめん》のおんがくたい」に　でて　くる　どうぶつです。なんの　どうぶつですか。えを　みて　かきましょう。

れい：いちばん　した　ろば

1 いちばん　うえ

---

2 うえから　3《さん》ばんめ

---

3 したから　3《さん》ばんめ

3 ★★ えを　みて　□に　あてはまる　じを　かきましょう。

① ピノキオ《ぴのきお》の　□□　は　ながい。

② おんなのこが　かぶる　ずきんは　□□　い。

③ おやゆびひめは　□□□　くて　かわいい。

4 ★★★ あなたが　おかしの　いえを　つくるなら
なにで　つくりますか。じゆうに　かきましょう。

れい：あめ、クッキー《くっきー》、チョコレート《ちょこれーと》

5 ★★★ おはなしを　よんで　もんだいに　こたえましょう。

ありと　きりぎりす

なつです。とても　あついです。

ありは　はたらいて　います。きりぎりすは　やすんで　います。

きりぎりすは　ありに「こんなに　あついのに　どうして

はたらくの？」と　ききました。

ありは「ふゆの　じゅんびを　しているんですよ。」と　こたえました。

ふゆに　なりました。とても　さむいです。

きりぎりすは　たべものが　なくて　こまりました。

そのとき　ありの　いえを　みつけました。

ドア《どあ》を　トントン《とんとん》と　ノック《のっく》して

「ありさん、たすけて　ください。」と　いうと

ありは「どうぞ　なかに　はいって　ください。」と　いいました。

ありの　いえは　あたたかいです。はっぱの　ふとんも　あります。

ありは　たべものも　きりぎりすに　わけて　くれました。

「きりぎりすさん、はたらく　ことの　たいせつさが

わかりましたか。」と　ありは

やさしく　いいました。

1 いっしょうけんめい　はたらいて　いるのは　だれですか。

- - - - - - - - - - - - - - - - - - - -

2 ただしいもの　2《ふた》つに　◯を　つけましょう。

(　　) ありは　まいにち　あそんで　います。
(　　) ありは　きりぎりすを　いえに　いれました。
(　　) きりぎりすは　まいにち　べんきょうして　います。
(　　) きりぎりすは　ありに　たべものを　もらいました。

3 どうして　ありは　なつに　はたらいて　いましたか。

- - - - - - - - - - - - - - - - - - - -

4 あなたなら　ありと　きりぎりす、どちらに　なりたいですか。
どうしてですか。

(どちら？) - - - - - - - - - - - - - -

(どうして？) -

5 あなたの　まわりで　いっしょうけんめい　はたらいて　いる
ひとは　だれですか。どんな　しごとを　して　いますか。

(だれ？) - - - - - - - - - - - - - -

(しごと) -

「アリ《あり》とキリギリス《きりぎりす》」の
おはなしを　みてみよう

参考Webサイト

だい 20 ぽ

スポーツ《すぽーつ》

1 ★★ なんぼん　ありますか。えを　みて　ひらがなで　かきましょう。

① あかい　ラケット《らけっと》　　② あおい　ラケット《らけっと》

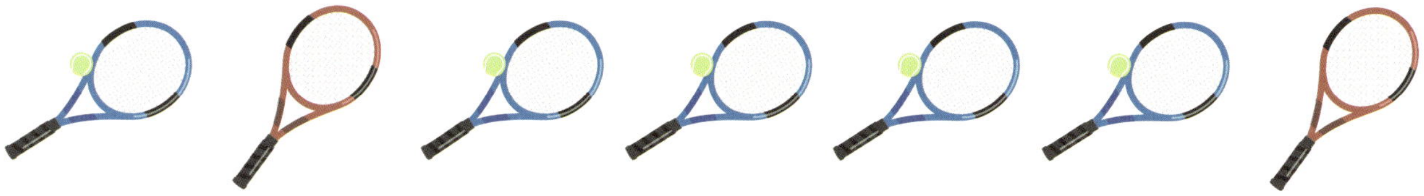

2 ★★ バット《ばっと》は　なんぼん　ありますか。
えを　みて　かきましょう。

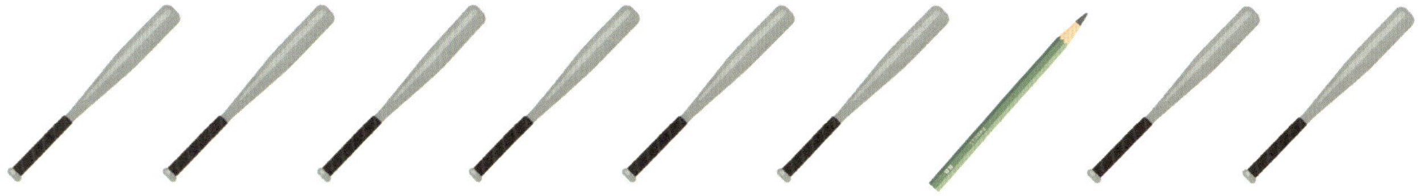

3 ★★ あなたが　じょうずに　できる　ことに　◯を　つけましょう。
いくつ　つけても　いいです。
＿＿には　とくいな　ことを　かきましょう。

(　　) はしる　　(　　) およぐ

(　　) ボール《ぼーる》を　なげる　　(　　) ボール《ぼーる》を　ける

(　　) ゆきや　こおりの　うえを　すべる

(　　)

4 ★★

したの　4《よっ》つの　えを　みて　スポーツ《すぽーつ》の　なまえを
こたえましょう。

1 ぞうは　□□□□　を　する。

2 くまと　ライオン《らいおん》は　□□□□　を　する。

3 ライオン《らいおん》は　□□□□　を　しない。

5 ★★★

うさぎと　かえるは　なんと　いって　いると
おもいますか。じゆうに　かきましょう。

れい：1「ううっ！」　2「あれ、ボール《ぼーる》、そっち　いくの？」

1

2

6 ★★★ ぶんしょうを　よんで　もんだいに　こたえましょう。

スケートボート《すけーとぼーど》

スケートボード《すけーとぼーど》は　ほそくて　ながい　いたです。

いたの　まえと　うしろに　ちいさい　タイヤ《たいや》が　ついて　います。

スケートボード《すけーとぼーど》に　のって　ジャンプ《じゃんぷ》を　したり　まわったり　します。

むずかしさや　スピード《すぴーど》や　たかさで　てんが　きまります。

とうきょう２０２０《にいぜろにいぜろ》オリンピック《おりんぴっく》で　はじめて

オリンピック《おりんぴっく》の　スポーツ《すぽーつ》に　なりました。

１３《じゅうさん》さいの　おんなのこが　この　スポーツ《すぽーつ》で　きんメダル《めだる》を

とりました。

にほんで　いちばん　わかい　きんメダリスト《めだりすと》でした。

いま　スケートボード《すけーとぼーど》を　する　ひとは　ふえて　います。

スケートボード《すけーとぼーど》は　どこでも　できます。

こどもも　おとなも　おんなのこも　おとこのこも

おなじ　ばしょで　たのしめます。

あそぶ　ときは　よく　きを　つけて

ヘルメット《へるめっと》などを　つけるように

しましょう。

1 スケートボード《すけーとぼーど》は　どんな　かたちの　いたですか。

　　　　　　　　　　いた

2 ２０２０《にいぜろにいぜろ》オリンピック《おりんぴっく》は　どこで　ありましたか。

3 とうきょうオリンピック《おりんぴっく》で　１３《じゅうさん》さいの　おんなのこが　とった
メダル《めだる》は　どれですか。○を　つけましょう。

きんメダル《めだる》　ぎんメダル《めだる》　どうメダル《めだる》

4 あなたが　きんメダル《めだる》を　あげるなら　だれに　あげたいですか。
どうしてですか。スポーツ《すぽーつ》でも　そうでなくても　だいじょうぶです。

れい：おかあさんに　きんメダル《めだる》を　あげたいです。いつも　おいしい　ごはんを
つくって　くれるからです。

（だれに？）

（どうして？）

5 もし　オリンピック《おりんぴっく》せんしゅに　インタビュー《いんたびゅー》できたら
なにを　ききたいですか。

とうきょう２０２０《にいぜろにいぜろ》オリンピック《おりんぴっく》の
スケートボード《すけーとぼーど》を　みてみよう！

参考 Web サイト

だい
21
ぽ

おんがく

1 ★ えを　みて　◯を　つけましょう。

「やまの
おんがくか」
という　うたの
えだよ。

1. うさぎは　[ピアノ《ぴあの》・フルート《ふるーと》]を　ひきます。
2. りすは　[たいこ・バイオリン《ばいおりん》]を　ひきます。
3. ことりは　[すず・フルート《ふるーと》]を　ふきます。
4. たぬきは　[ギター《ぎたー》・たいこ]を　たたきます。

2 ★★ あなたが　すきな　うたは　なんですか。
にほんごで　かいても　ほかの　くにの　ことばで
かいても　いいです。

3 ★★

どの　ことばを　つかいますか。「ひきます」を　つかう
がっきは　あか、「ふきます」は　あお、「たたきます」は
きいろで　○を　つけましょう。

ギター《ぎたー》
バイオリン《ばいおりん》
チェロ《ちぇろ》
シンバル《しんばる》
サックス《さっくす》
トランペット《とらんぺっと》
ホルン《ほるん》
フルート《ふるーと》
トロンボーン《とろんぼーん》
ピアノ《ぴあの》
たいこ

写真提供：ヤマハ株式会社

4 ★★★

あなたが　しっている　がっきは
どんな　おとが　しますか。

れい：ピアノ《ぴあの》「ポロロン《ぽろろん》、ロン《ろん》」

がっきの　なまえは？

どんな　おと？

おなじ　がっきでも
おとの　かきかたは
いろいろ　あるよね。

5 ★★★ おはなしを　よんで　もんだいに　こたえましょう。

やまの　おんがくか

やまの　どうぶつたちが　コンサート《こんさーと》を　します。

うさぎ、たぬき、ことり、こりすが　あつまって　はなして　います。

わたしは　ピアノ《ぴあの》が　ひきたい！　ピアノ《ぴあの》の　しろい

けんばんは　わたしと　おなじ　いろだから。

ピアノ《ぴあの》の　うえで　ぴょんぴょん　はねたら

どんな　おとかな。

じゃあ　ぼくは　たいこに　する。ぼくが　いちばん

おおきいから　ドーン《どーん》と　おおきい　おとが　だせるよ。

フルート《ふるーと》が　いいな！　わたしの　きれいな　うたごえに

にて　いるから。うたうみたいに　ふいたら　すてきよね。

ぼくは……そうだな。いつも　きに　のぼって　いるから

きで　できた　がっきが　いいな。だから、バイオリン《ばいおりん》に　する。

どんな　えんそうに　なったのでしょう。

ぜひ　「やまの　おんがくか」と　いう

うたを　きいて　ください。

参考 Web サイト

1 でてくる　どうぶつは　なんですか。

2 どうして　ことりは　フルート《ふるーと》を　えらびましたか。

3 どうして　こりすは　バイオリン《ばいおりん》を　えらびましたか。

4 あなたなら　どんな　どうぶつに　なって　どんな　がっきを　えんそう　したいですか。どうしてですか。

れい：オランウータン《おらんうーたん》に　なって　チェロ《ちぇろ》を　ひきたいです。
てが　ながいから　じょうずに　ひけると　おもいます。

（どうぶつは？　がっきは？）

（どうして？）

5 やまの　おんがくかに　リクエスト《りくえすと》の　てがみを　かきます。
____に　ことばを　かきましょう。

ぼく／わたしは____（なまえ）です。
つぎの　コンサート《こんさーと》で____（うた）を
えんそうして　もらえませんか。
____（うた）は____（りゆう）
から、ぜひ　ききたいです。よろしくおねがいします。
____より

だい22ほ

おでかけ

1 ★ したの　なかから　えらんで　かきましょう。

こうえん　どうぶつえん　ゆうえんち　すいぞくかん

① 

② 

2 ★★ したの　えを　みて　かきましょう。

① □□□ が　4《よん》だい　あります。

② □□ が　3《さん》そう　あります。

③ ぶたは　□□□□□ に　のります。

3 ★★ えを　みて　□に　はいる　ひらがなを　したから　えらんで　かきましょう。

へ　で　に

れい：じてんしゃで　うち［へ］かえりました。

❶ バス［　］としょかんへ　いきました。

❷ はじめて　ひこうき［　］のりました。

4 ★★ なつやすみに　どこへ　なにで　いきましたか。

れい：アフリカ《あふりか》へ　ひこうきで　いきました。

5 ★★★ もし　くもに　のって　すきな　ところへ　いけるなら　どこへ　いって　なにが　したい　ですか。

どこ？

なにが　したい？

6 ★★★ ぶんしょうを　よんで　もんだいに　こたえましょう。

はたらく　くるま

はたらく　くるまは　たくさん　あります。

きゅうきゅうしゃは　びょうきや　けがの　ひとを　はこびます。
でんわすると　すぐに　きて　くれます。とても　はやく　はしります。
サイレン《さいれん》の　おとは　とても　おおきいです。

しょうぼうしゃは　あかい　くるまです。かじの　とき
ひを　けします。ホース《ほーす》や　はしごが　ついて　います。
きゅうきゅうしゃと　おなじくらい　おおきい　サイレン《さいれん》の　おとです。

ごみしゅうしゅうしゃは　ごみを　あつめます。
まちを　まわって　ごみばこを　きれいに　したり
おおきい　ごみを　あつめたり　します。

ショベルカー《しょべるかー》は　たてものを　こわしたり
つちを　ほったり　いろいろな　ことが　できます。
いえや　どうろを　つくる　ときにも　つかいます。

ほかにも　はたらく　くるまは　たくさん　あります。
くにに　よっても　ちがいます。

1 どの　くるまですか。ことばと　えを　せんで　つなぎましょう。

きゅうきゅうしゃ　　しょうぼうしゃ　　ごみしゅうしゅうしゃ　　ショベルカー《しょべるかー》

2 びょうきの　ひとを　はこぶのは　どの　くるまですか。

---

3 あなたが　のってみたい　はたらく　くるまは　なんですか。

---

4 しょうぼうしゃは　なにいろですか。えらんで　◯を　つけましょう。

あお　　あか　　きいろ　　みどり

5 もし　じゆうに　くるまを　つくれたら　どんな　くるまを　つくりますか。ことばと　えで　かきましょう。

ことば	え

だい 23 ぽ

まち

1 ★ ちずを　みて　ただしい　ほうに　○を　つけましょう。

① ピーターパン《ぴーたーぱん》の　みせに　おもちゃを
[かいに・たべに] いきます。

② やぎの　ゆうびんきょくに　てがみを
[だしに・だすに] いきます。

③ はなさかじいさんの　はなやに　プレゼント《ぷれぜんと》を
[えらびに・えらんだ] いきます。

2 ★★ ちずを　みて　じゆうに　かきましょう。

① スーパー《すーぱー》へ（なにを?）＿＿＿＿＿＿を
かいに　いきたいです。

② （どこ?）＿＿＿＿＿＿は
にぎやかだと　おもいます。

③ こうえんで（なにで?）＿＿＿＿＿＿で
あそびたいです。

④ おもちゃやは（どんな?）＿＿＿＿＿＿
みせだと　おもいます。

3 ★★★ この　まちには　ほかに　どんな　みせが　あったら
いいと　おもいますか。

れい：パン《ぱん》やさんの　となりに　シンデレラ《しんでれら》の　くつや

どこに?

だれの?

なんの　みせ?

あったら　いいなと
おもう　みせの　えも
ちずの　うえに
かいて　みよう！

4 ★★★ ぶんしょうを　よんで　もんだいに　こたえましょう。

けいくんの　かんがえ

ぼくは　おおきい　まちが　すきです。

なぜなら　おおきい　まちは　べんりだからです。

りっぱな　としょかんも　あるし　おいしい　レストラン《れすとらん》も

おおいです。

ぼくが　だいすきな　コンビニ《こんびに》も　あちこちに　あります。

それから　ぼくの　うちには　くるまが　ないので

でんしゃや　バス《ばす》が　たくさん　あるほうが　いいです。

ずっと　おおきい　まちに　すみたいです。

れなちゃんの　かんがえ

わたしは　ちいさい　まちが　すきです。

ちいさい　まちは　きれいで　しずかです。

わたしの　まちには　きれいな　やまや

かわも　あります。

やまで　ともだちと　あそぶのは　たのしいです。

きんじょの　ひとは　はたけや　にわで　とれた

おいしい　やさいや　くだものを　よく　くれます。

おとなに　なっても　ちいさい　まちに　すみたいです。

1 けいくんと　れなちゃんが　すきなのは　おおきい　まちと　ちいさい　まちの　どちらですか。

けいくん　＿＿＿＿＿＿＿＿　まち

れなちゃん　＿＿＿＿＿＿＿＿　まち

2 どうして　けいくんは　でんしゃや　バス《ばす》が　たくさん　あるほうが　いいと　いって　いますか。

＿＿＿＿＿＿＿＿＿＿＿＿＿＿＿＿＿＿＿＿＿＿＿＿

3 れなちゃんの　まちには　きれいな　なにが　ありますか。

＿＿＿＿＿＿＿＿＿＿＿＿

4 あなたは　どちらの　かんがえに　さんせいですか。どうして　ですか。○を　つけましょう。

けいくん　れなちゃん　どちらも　どちらでもない

5 おおきい　まち、ちいさい　まちには　ほかに　どんな　いい　ことが　ありますか。かんがえて　1《ひと》つずつ　かきましょう。

（おおきい　まち）＿＿＿＿＿＿＿＿＿＿＿＿＿＿＿＿

（ちいさい　まち）＿＿＿＿＿＿＿＿＿＿＿＿＿＿＿＿

「まちの　たんけん」の
ビデオ《びでお》を　みてみよう

参考 Web サイト

だい 24 ほ

かんきょう

1 ★★ あなたの　うちで　リサイクル《りさいくる》して　いる　ものは ありますか。おうちの　ひとに　きいて　◯を　つけましょう。

お茶

2 ★★★ したの　えを　みて　なにが　もったいないかを　かきましょう。

1

2

「もったいない」を
なくすには
どうしたら
いいかな？

3 ★★★ したの　えを　みて　こたえましょう。

① えに　かいて　ある　もの　2《ふた》つに　○を　つけましょう。

もり　うみ　そら　ほっきょく

② えの　なかで「いい」と　おもう　ものには
あかで　○、「よくない」と　おもう　ものには
あおで　○を　つけましょう。

③ どんな　うみに　なって　ほしいですか。
みぎしたに　ことばと　えを　かきましょう。

4 ★★★　おはなしを　よんで　もんだいに　こたえましょう。

リサイクル《りさいくる》せんたい　クルクル《くるくる》・レンジャー《れんじゃー》

ゴミラ《ごみら》は　どんどん　ゴミ《ごみ》を　すてて　います。

「はーっはっは！　ペットボトル《ぺっとぼとる》は　ごみ、あきかんも　ごみ、

しんぶんしも　ごみ！　ぜんぶ　すてちゃえ。ポイポイポイ《ぽいぽいぽい》！」

ゴミラ《ごみら》が　いいました。

そこへ　クルクル《くるくる》・レンジャー《れんじゃー》が　やって　きました。

「そうは　させないぞ　ゴミラ《ごみら》。

みんな、リサイクル《りさいくる》で　へんしんだ！　へーんしん！！」

そして　ペットボトル《ぺっとぼとる》を　ようふくに、あきかんを　くるまに、

しんぶんしを　えほんに　へんしん　させたのです。

「ぎゃあ　やられた！　でも　リサイクル《りさいくる》の　ようふく

かっこいいね。ぼくも　きたいな。

すぐに　ごみだと　おもって　ポイポイ《ぽいぽい》　すてるのは

もったいないんだね。これからは　ぼくも　リサイクル《りさいくる》するよ。」

と　ゴミラ《ごみら》は　いいました。

1 かいじゅうの　なまえは　なんですか。

2 なにを　なにに　リサイクル《りさいくる》　しましたか。
せんで　つなぎましょう。

（なにを）

（なにに）

3 ゴミラ《ごみら》は　なにが　きたいですか。

4 あなたが「もったいない」と　おもうのは　どんな　ときですか。

5 ペットボトル《ぺっとぼとる》、あきかん、しんぶんしの　ほかに　リサイクル《りさいくる》できる　ものは　なんですか。2《ふた》つ　かいて　ください。

リサイクル《りさいくる》についての
アニメ《あにめ》を　みてみよう

参考 Web サイト

だい
25
ほ

うちゅう

1 ★★ したの　えを　みて　ほしの　なまえを　かきましょう。

❶ きんせいと　かせいの
あいだの　ほし

❷ いちばん　おおきくて
あかい　ほし

❸ たいようから　ごばんめに　ちかい
おおきくて　しましまの　ほし

❹ あなたが　いちばん　きれい（または　かっこいい）と
おもう　ほしは　どれですか。どうしてですか。

ほしの　なまえ

どうして？

2 ★★ うちゅうじんからの　てがみです。あんごうを　といて
てがみを　こえに　だして　よんで　みましょう。

ちきゅうの　ひとへ

こんにちは。おげんきですか。ぼくは　うちゅうじんです。

ちきゅうからは［1］［2］や［3］［4］［5］［6］が

みえるそうですね。

ぼくは　みた　ことが　ないので　うらやましいです。

いつか　ぼくの　すんで　いる　とおくの［7］［8］に

あそびに　きて　くださいね。

うちゅうじん　より

あんごうひょう

た	う	て	よ	す
し	せ	や	ど	い
け	ゆ	●	め	か
き	も	が	つ	お
の	ほ	ん	あ	せ

1. ● ➡ ⬇
2. ● ⬅ ⬅ ⬇
3. ● ⬅ ⬅ ⬆ ⬆
4. ● ➡ ⬆ ➡
5. ● ⬆ ➡ ⬆
6. ● ⬆ ⬅ ⬆
7. ● ⬇ ⬅ ⬇
8. ● ⬆ ⬅ ⬅

ヒント《ひんと》を　あげる。
● ➡ ⬇ ⬇ は「あ」だよ。

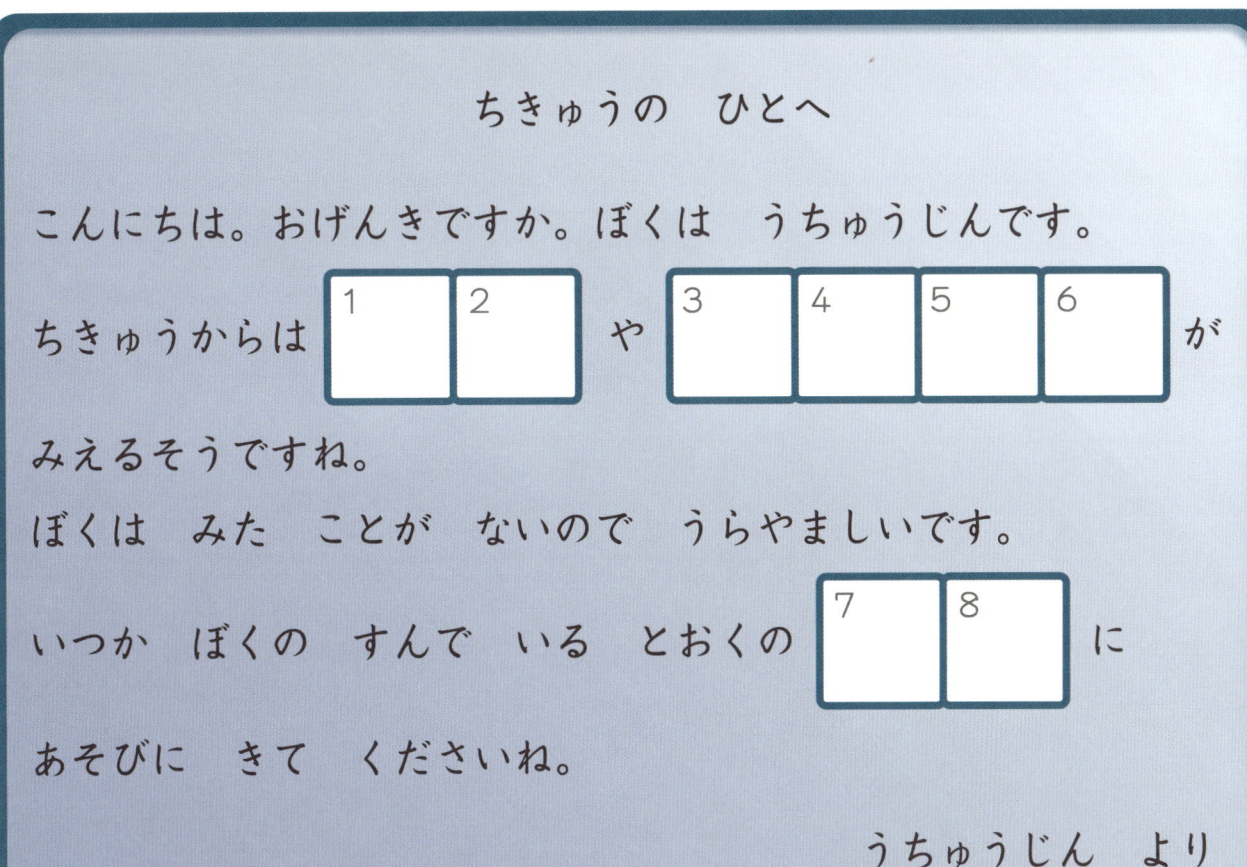

3 ★★★　ぶんしょうを　よんで　もんだいに　こたえましょう。

わたしは　うちゅうひこうしに　なりたいです。
どうすれば　いいですか。

まず　べんきょうを　がんばって　ください。
どんな　べんきょうも　かならず　やくに　たちます。
それから　いろいろな　くにの　ひとと　いっしょに
はたらきますから　けんかしないで　みんなと　なかよく
できる　ことも　だいじですね。
なにごでも　じぶんが　おもって　いる　ことを
つたえられるように　なって　ください。
からだと　こころが　じょうぶな　ことも　たいせつですから
なにか　スポーツ《すぽーつ》を　するのも　いいです。

うちゅうひこうしに　なれるのは　どんな　ひとですか。

いろいろな　ひとが　いますよ。
うちゅうに　いく　メンバー《めんばー》が　みんな　おなじでは　だめです。
ひとりひとり　ちがうから　いいチーム《ちーむ》に　なります。
「これが　すき！　これが　とくい！」と　おもえる　ものを
みつけて　がんばれば　きっと　うちゅうひこうしに　なれます。

ありがとうございます！

❶ うちゅうひこうしに　なるためには　まず　どうすれば　いいですか。

---

❷ からだと　こころを　じょうぶに　するために　なにを　すると
いいですか。

---

❸ どんな　ものを　みつけて　がんばれば　いいですか。

---

❹ あなたは　だれと　いっしょに　うちゅうへ　いきたいですか。
どうしてですか。

（だれと？）

（どうして？）

❺ あなたと　ともだちの　すきな　こと、とくいな　ことは
なんですか。

あなたが　すきな　こと、とくいな　こと	ともだちの ＿＿＿＿＿＿ が すきな　こと、とくいな　こと

みらいのぼく・わたし

1 ★★ えを みて ❶から ❺の たての □に はいる ことばを いれましょう。あかい □の ことばは なんでしょう。

❶
- け
- い
- □
- つ
- □（あかい）
- ん

❷
- サ《さ》
- □
- カ《か》
- □
- せ
- □（あかい）
- し
- □

❸
- □（あかい）
- □
- や

❹
- パ《ぱ》
- □
- ロ《ろ》
- □（あかい）
- ト《と》

❺
- □（あかい）
- □
- け
- □
- か

！

あかい □の ことばは
ぼくからの メッセージ《めっせーじ》だよ。
ひだりから みぎに
「゛」も つけて よんでね。

□゛□□゛□□！

2 ★★ みらいに　あったら　いいと　おもう　ものと　ない　ほうが　いいと　おもう　ものを　かきましょう。えを　ヒント《ひんと》に　しても　じぶんで　かんがえても　いいです。

あったら　いい（れい：そら　とぶ　くるま）

ない　ほうが　いい（れい：けんか）

3 ★★★ じぶんの　すきな　ところ、すごい　ところを　かきましょう。

れい：ひとりで　おきられる、にほんごでも　えいごでも　あいさつが　できる、うたが　うまい

4 ★★★ あなたの　すごい　ところ、よく　できる　ことを　おうちの　ひとに　きいて　かきましょう。

れい：やさしい、がんばりや、ポケモン《ぽけもん》を　ぜんぶ　いえる、えほんを　たくさん　よむ

5 ★★★　ぶんしょうを　よんで　もんだいに　こたえましょう。

わたしの　ゆめ

わたしの　ゆめは　かしゅです。
ちいさい　ときから　うたが　すきです。
せかいの　ひとと　うたで　なかよく　なりたいです。
わたしの　おとうさんは　フランス《ふらんす》、おかあさんは　にほん、
おにいちゃんと　わたしは　フィリピン《ふぃりぴん》で　うまれました。
わたしは　にほんご、えいご、タガログ《たがろぐ》ご、フランス《ふらんす》ごを　はなします。

フランス《ふらんす》は　たべものが　おいしいです。
にほんには　かわいい　ものが　たくさん　あります。
フィリピン《ふぃりぴん》は　いろいろな　ことばが　あって　おもしろいです。
わたしは　フランス《ふらんす》も　にほんも　フィリピン《ふぃりぴん》も
「わたしの　くに」だと　おもいます。

わたしは　うまれた　ときから　いろいろな　くにや　ひとと
つながって　います。
かしゅに　なったら　せかいの　くにで　コンサート《こんさーと》を　します。
そして　だいすきな　くにも
ひとも　ふやしたいです。

1 「わたし」は　なにに　なりたいですか。

2 「わたしの　くに」は　どこですか。

3 「わたし」は　なにごを　はなしますか。

4 あなたは　なにごを　はなしますか。

5 あなたが「これが　あれば　たくさんの　ひとと　なかよく
なれる」と　おもう　ものは　なんですか。
じゆうに　たくさん　かきましょう。

れい：サッカー《さっかー》、ピアノ《ぴあの》、えがお、ゲーム《げーむ》、おいしいもの・・・

いろいろな　しごとについて
ビデオ《びでお》を　みてみよう！

参考Webサイト

■著者紹介

山本絵美（やまもと えみ）

〔現職〕ライデン大学日本学科日本語講師、てらこやライデン日本語講師

〔略歴〕ユトレヒト大学日本語講師、ハーグ・ロッテルダム日本語補習授業校講師を経て現職。

〔著書〕『親と子をつなぐ継承語教育―日本・外国にルーツを持つ子ども―』（共著、くろしお出版 2019）、『おひさま〔はじめのいっぽ〕―子どものための日本語―』（共著、くろしお出版 2018）

上野淳子（うえの じゅんこ）

〔現職〕てらこやアムステルダム日本語主任講師

〔略歴〕南ホラント大学日本学科日本語講師を経て現職。

〔著書〕『おひさま〔はじめのいっぽ〕―子どものための日本語―』（共著、くろしお出版 2018）

米良好恵（めら よしえ）

〔現職〕てらこやアムステルダム日本語講師、教育コメンテーター・講師、心理カウンセラー

〔略歴〕通訳、英語教師、KLM オランダ航空の客室乗務員を経て現職。

〔著書〕『おひさま〔はじめのいっぽ〕―子どものための日本語―』（共著、くろしお出版 2018）

本田弘之（ほんだ ひろゆき）

〔現職〕北陸先端科学技術大学院大学グローバルコミュニケーションセンター長、先端科学技術研究科（兼務）教授

〔略歴〕高校教諭を経て、青年海外協力隊に参加し、日本語教育に携わる。杏林大学外国語学部教授を経て現職。

〔著書〕『日本語を教えるための教授法入門』（共著、くろしお出版 2021）、『街の公共サインを点検する―外国人にはどう見えるか―』（共著、大修館書店 2017）、『すぐ書ける！きれいに書ける！ひらがな・カタカナ練習ノート』（アルク 2014）ほか多数。

■写真提供・協力

ヤマハ株式会社

写真 AC

iStock

shutterstock

photolibrary

Pixabay

■イラスト

坂木浩子（ぽるか）

鈴木祐里

畠中美幸

イラスト AC

いらすとや

シルエット AC

■書籍デザイン／DTP

鈴木祐里

■編集

市川麻里子

坂本麻美

おひさまワークブック［はじめのいっぽ］

ー子どものための日本語ー

OHISAMA WORKBOOK［First Steps］: Japanese Textbook for Multilingual Children

2022年 7月28日　第1刷 発行

［著者］　山《やま》本《もと》絵《え》美《み》・上《うえ》野《の》淳《じゅん》子《こ》・米《め》良《ら》好《よし》恵《え》・本《ほん》田《だ》弘《ひろ》之《ゆき》

［発行人］　岡野秀夫

［編集］［発行所］　株式会社 くろしお出版

〒102-0084　東京都千代田区二番町4-3

Tel : 03･6261･2867　Fax : 03･6261･2879

URL : https://www.9640.jp　Mail : kurosio@9640.jp

［印刷］　シナノ書籍印刷

ⓒ 2022 YAMAMOTO Emi, UENO Junko, MERA Yoshie, HONDA Hiroyuki, Kurosio Publishers

ISBN 978-4-87424-911-6 C0081

乱丁・落丁はお取り替えいたします。本書の無断転載・複製・複写（コピー）・翻訳を禁じます。

本書を第三者に依頼して、スキャンやデジタル化することは、たとえ個人や家庭内利用であっても、著作権上、認められておりません。

マルチリンガルの子どものための日本語教科書

おひさま

[はじめのいっぽ]

子どものための日本語

山本絵美・上野淳子・米良好恵［著］　くろしお出版［編］

A4 判／ 200 頁／ 2,200 円（2,000 円+税 10%）
ISBN 978-4-87424-757-0　C0081

『おひさまワークブック』と合わせて使える総合教科書。
日本語の「聞く・話す」活動を中心に、多様なトピック、
国際感覚を養う内容で楽しく学べる。

『おひさま』の特徴

1　マルチリンガル・バイリンガルの子どもが対象

海外在住の日本人家庭の子ども、帰国子女、外国人の子どもなど、マルチリンガル（複数の言語を使用する人）、バイリンガルの子どもたちが対象の教科書です。

2　多様なトピック、国際感覚を養う内容で日本語を学ぶ

「たべもの」「きせつ・てんき」など生活に必要なトピックから、「せかいのくに」「かんきょう」「うちゅう」など、知的好奇心を刺激し、思考や内面を豊かにするトピックで構成しています。

3　対話能力（「聞く」「話す」）を高め、様々な活動を通して体験し、考える力を重視

対話を促す活動で、自己表現やコミュニケーションのための日本語が身につけられます。また、工作、ゲーム、実験、料理、お絵描きなどの活動を通して、自分で考え、想像する力も養います。

『おひさま』シリーズの最新情報、授業に役立つコンテンツなど、下記 URL にて配信中。
https://www.9640.jp/ohisama/

カタカナひょう

ン《ん》	ワ《わ》	ラ《ら》	ヤ《や》	マ《ま》
	(イ)《い》	リ《り》	(イ)《い》	ミ《み》
	(ウ)《う》	ル《る》	ユ《ゆ》	ム《む》
	(エ)《え》	レ《れ》	(エ)《え》	メ《め》
	ヲ《を》	ロ《ろ》	ヨ《よ》	モ《も》

かきかた

もくじ

ひらがな

カタカナ

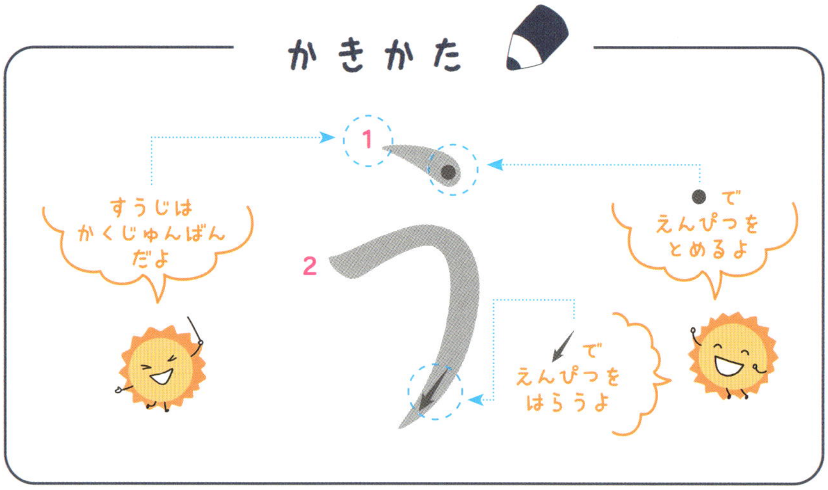

かきかた
1
2
すうじは かくじゅんばんだよ
● で えんぴつを とめるよ
で えんぴつを はらうよ

1ぽんの せんで かく

1ぽんの せんで かきます。
とちゅうで、えんぴつを かみから はなしては いけません。

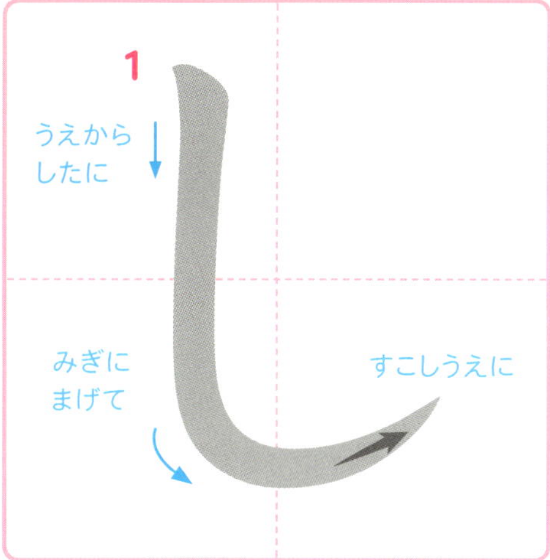

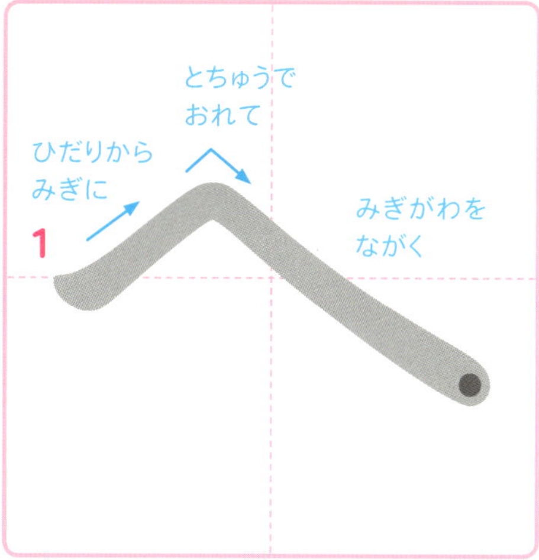

□んごう

□か

□び

□や

4かいずつ
かいてみよう

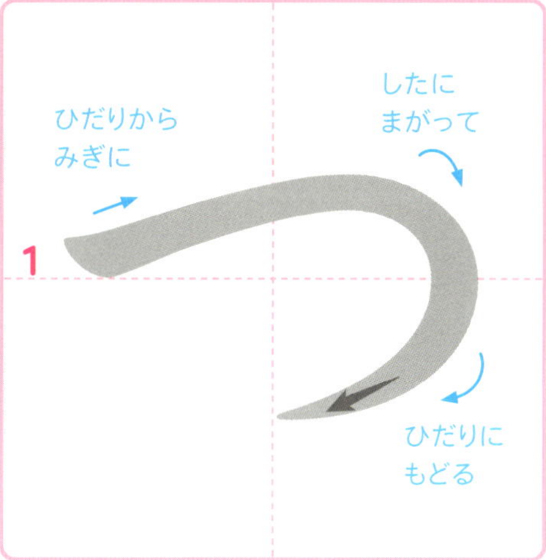

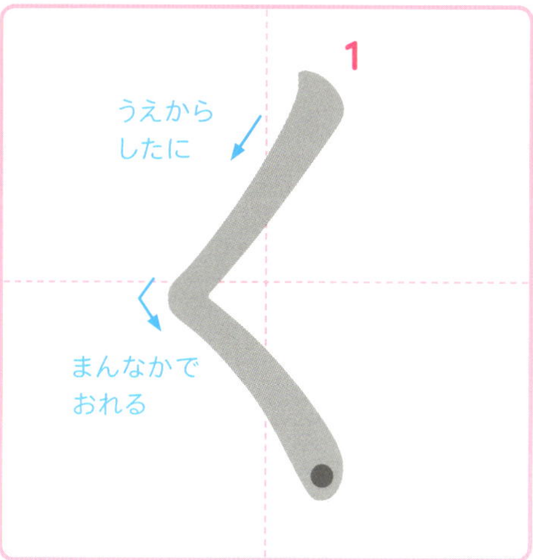

□き

く□

□るま

□ち

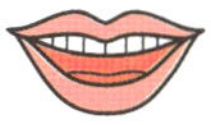

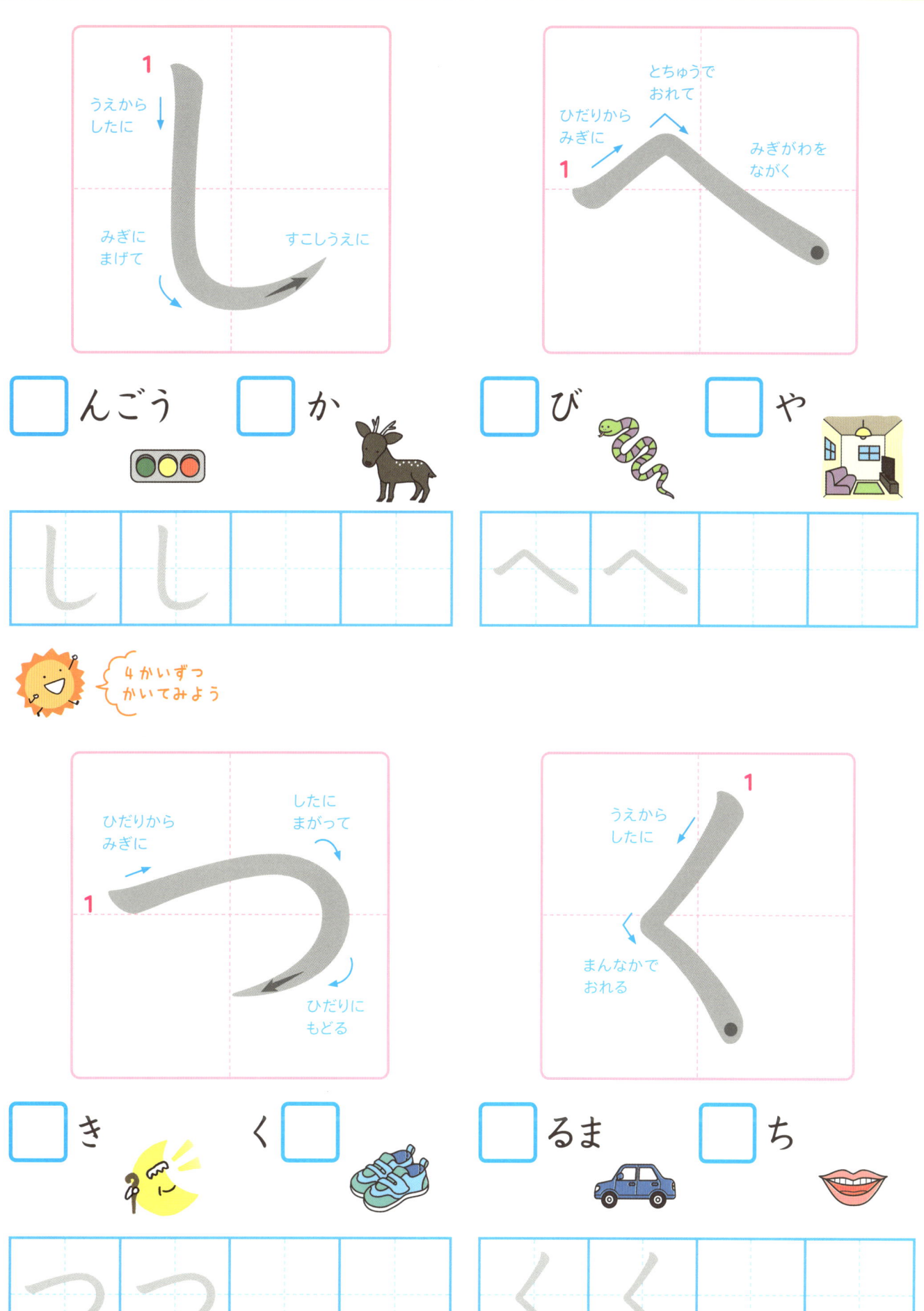

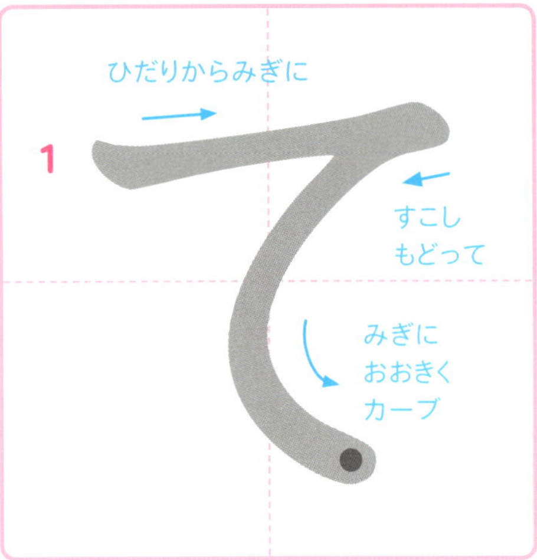

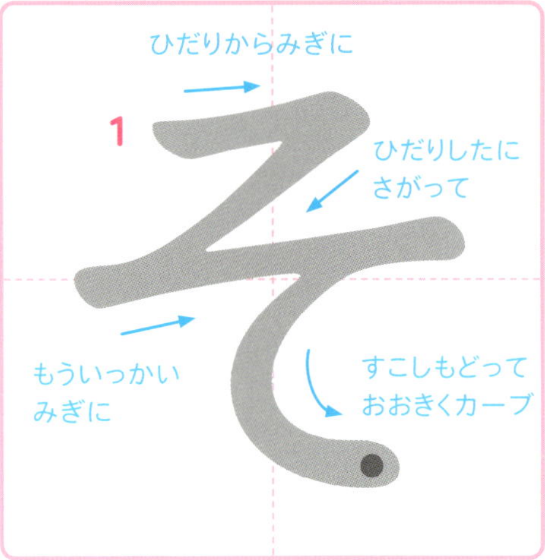

□

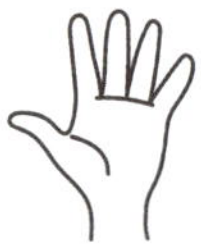

□んき

□ら

□ば

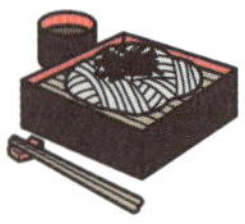

て	て		

そ	そ		

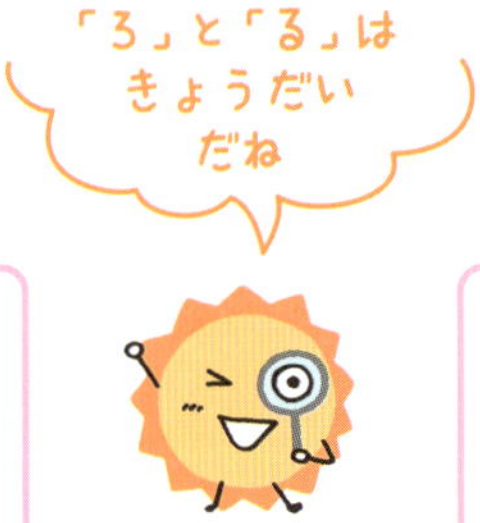

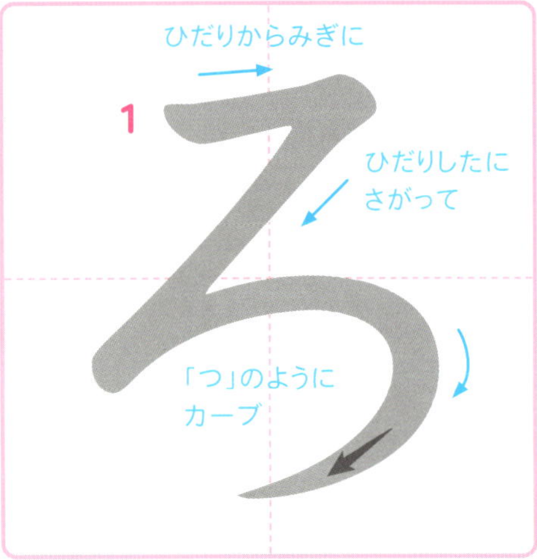

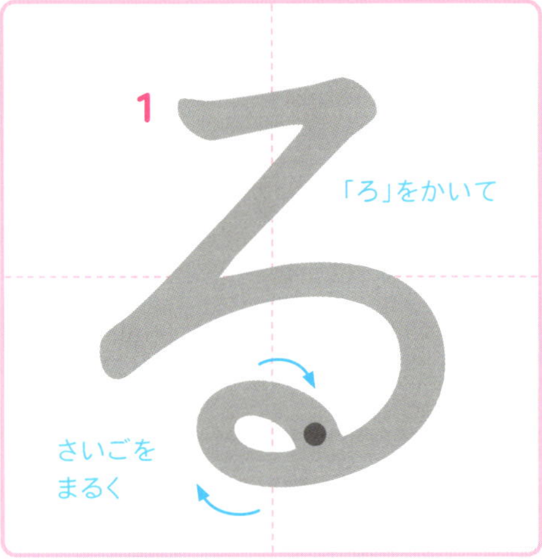

てぶく□

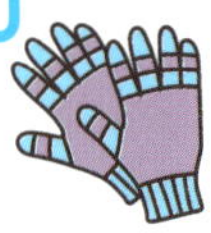

ふ□

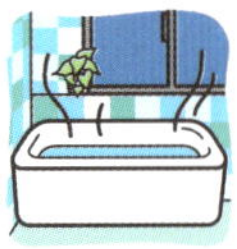

さ□

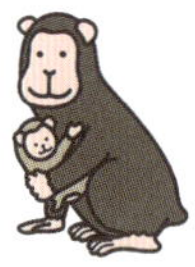

ひ□

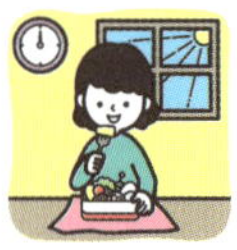

ろ	ろ		

る	る		

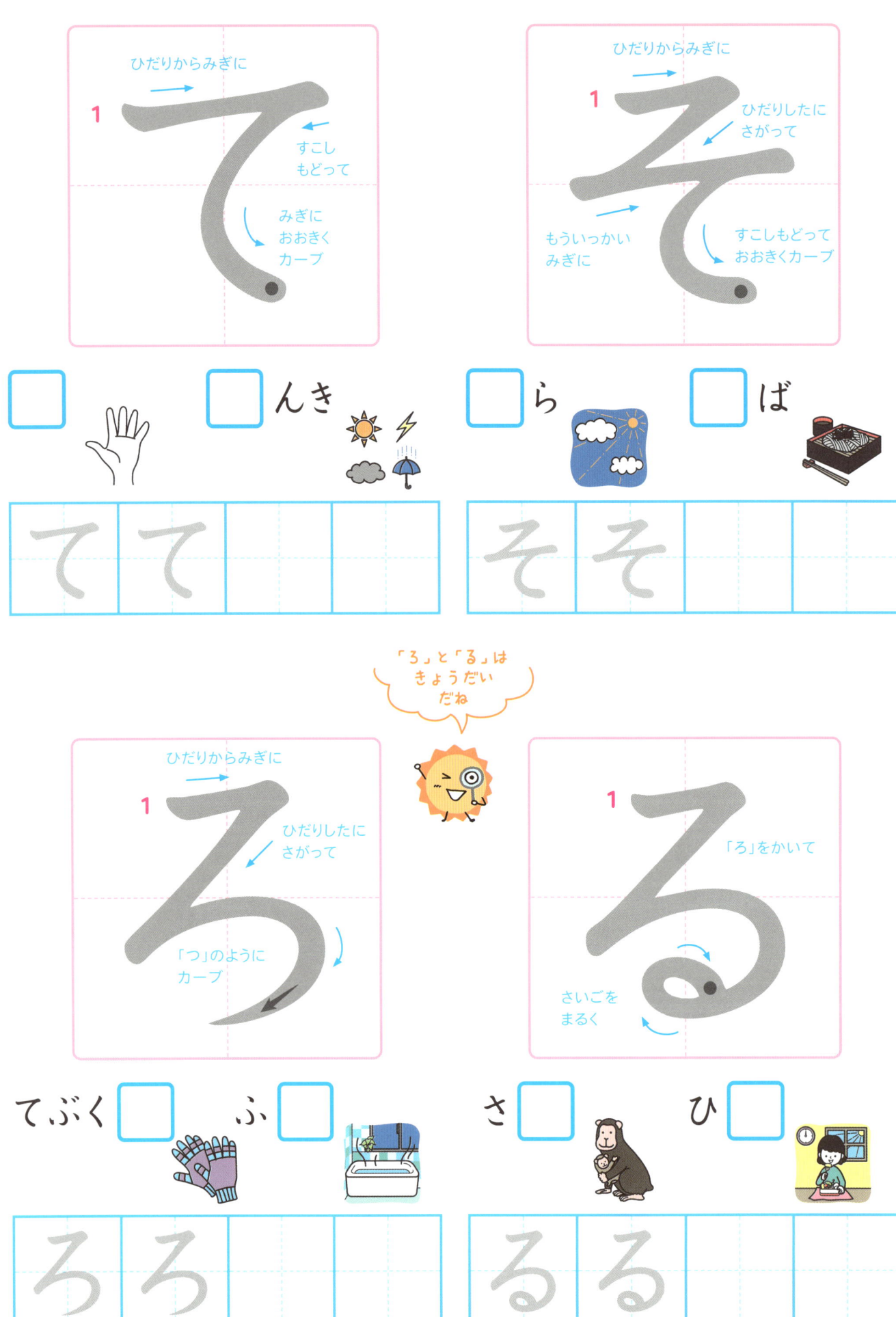

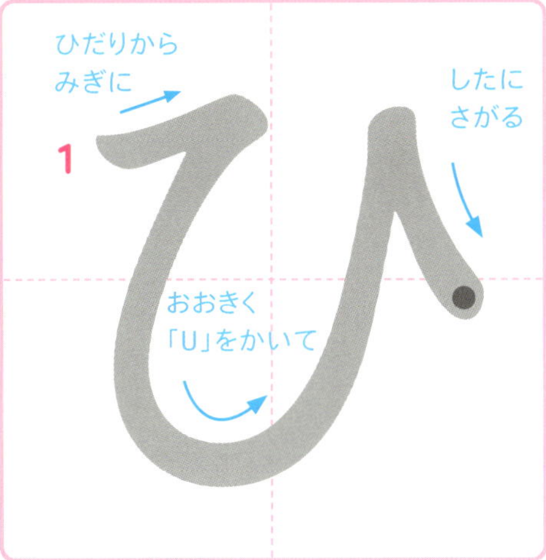

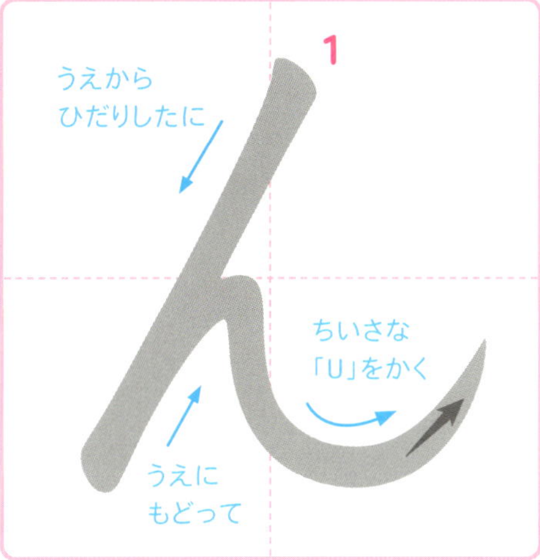

□こうき　□つじ　にほ□　で□しゃ

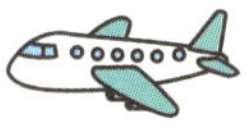

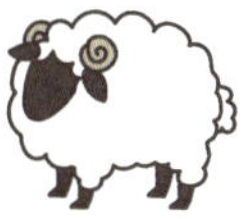

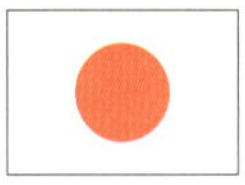

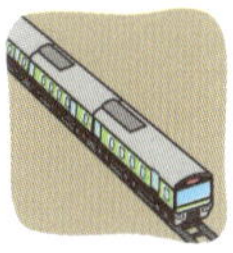

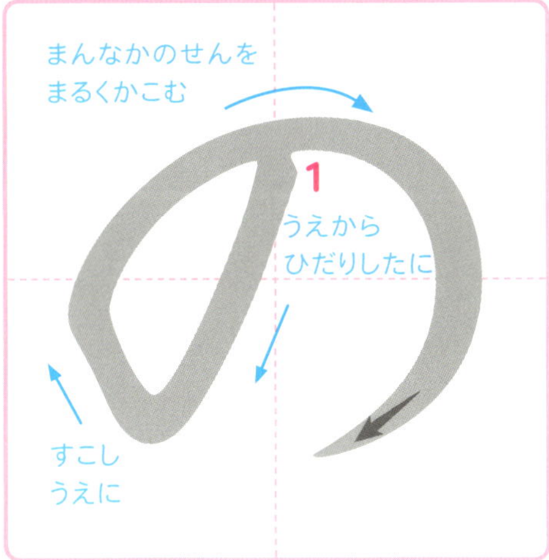

□ど　□り

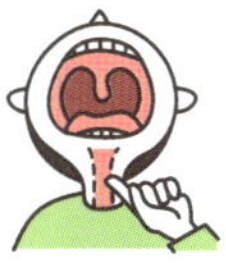

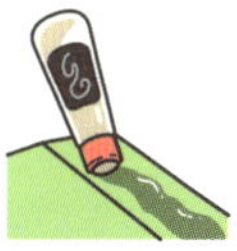

れんしゅう 1

① 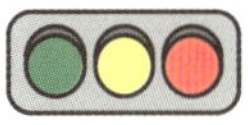 □□ごう

② 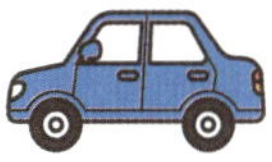 □□ま

③ 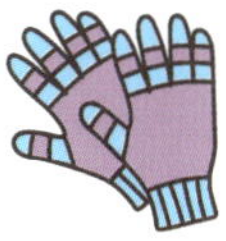 □ぶ□□

④ 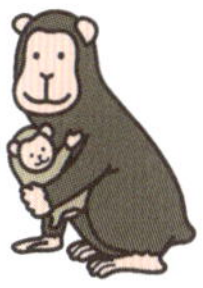 さ□

⑤ 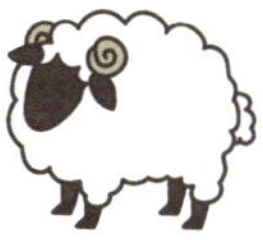 □□じ

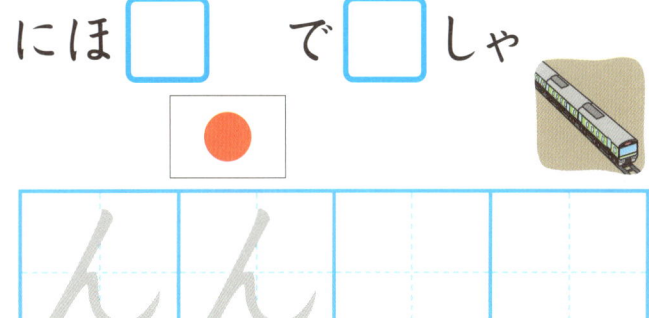

1ぽんの せんと てんで かく

1ぽんの せんと てんで かきます。
てんは、ひだりうえから みぎしたに みじかく かきます。

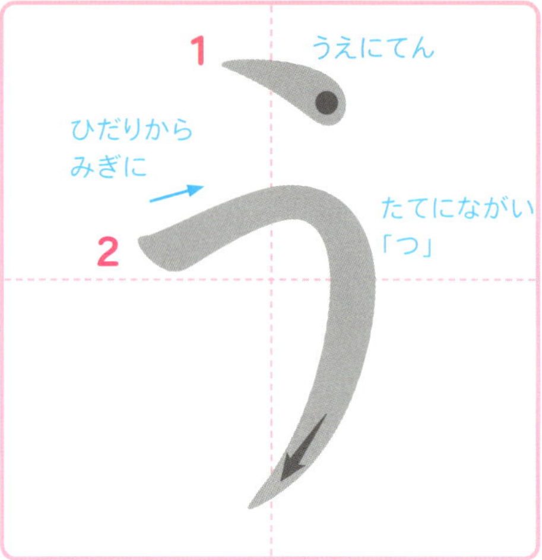

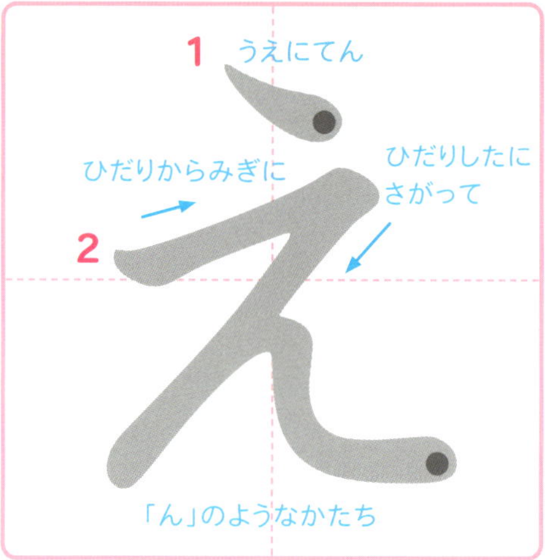

□み 　□し 

□ほん 　こう□ん 

う う

え え

□くだ 　さく□ 

ら ら

れんしゅう 2

①  □ほん

②  □こ□き

③  □□

④  こ□□□

⑤  □り

2ほんの せんで かく

2ほんの せんで かきます。
とちゅうで、いっかいだけ えんぴつを かみから はなします。

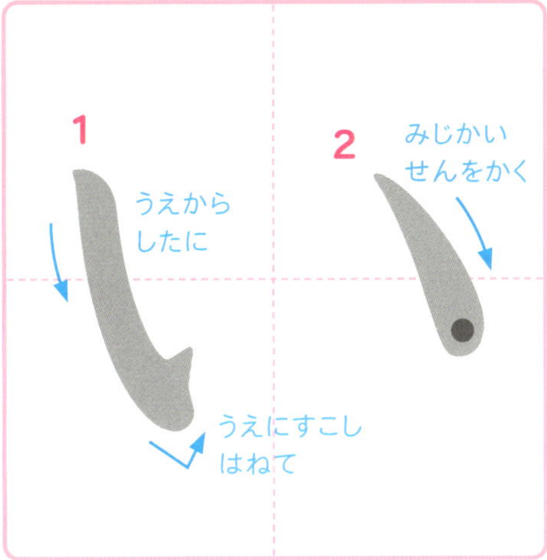

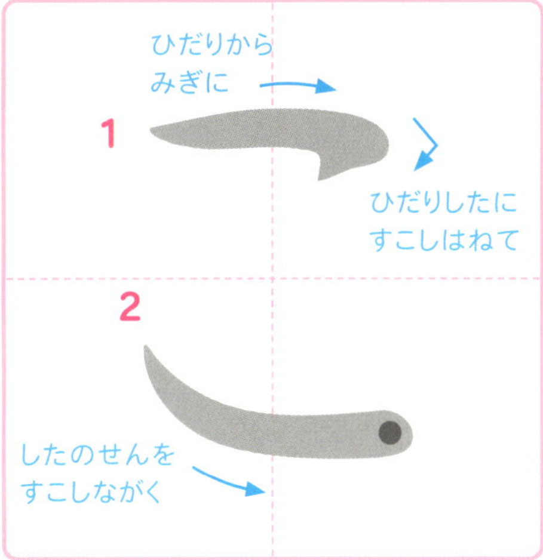

□え

□す

□ども

□おり

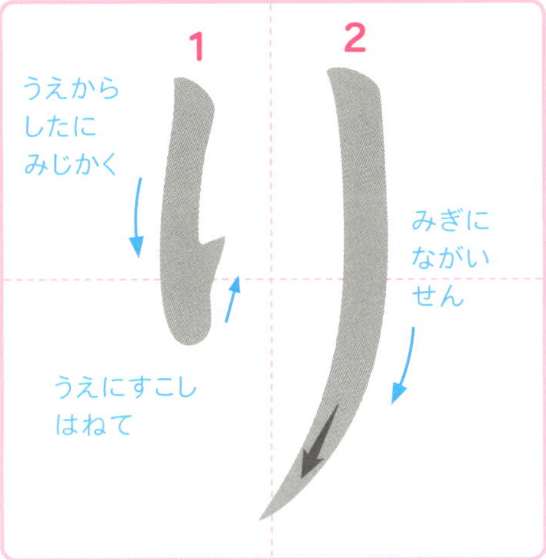

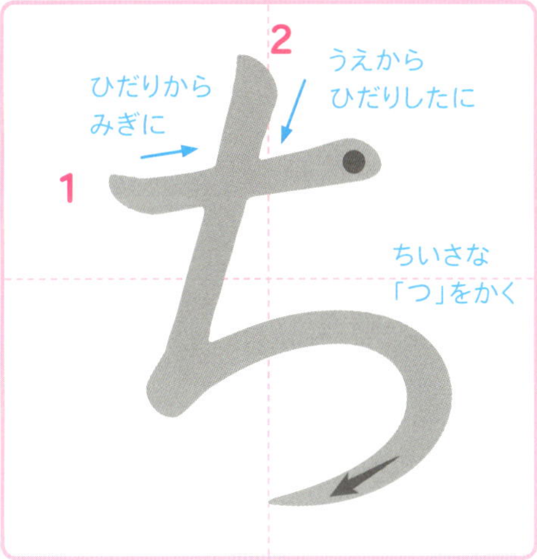

□んご

□す

□ず

い□ご

「す」「み」は
まるが
あるね

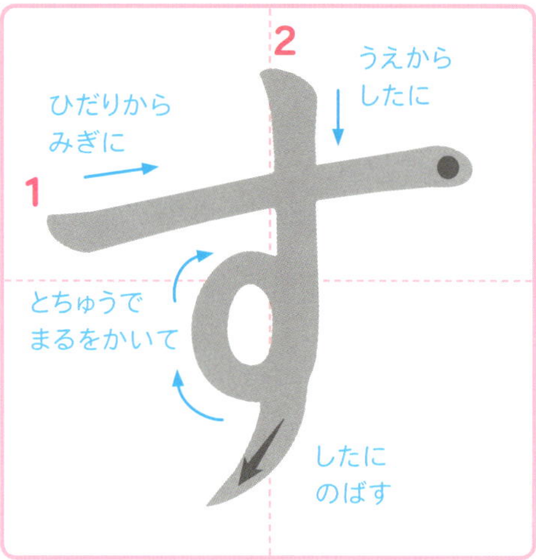
2
うえから
したに
ひだりから
みぎに
1
とちゅうで
まるをかいて
したに
のばす

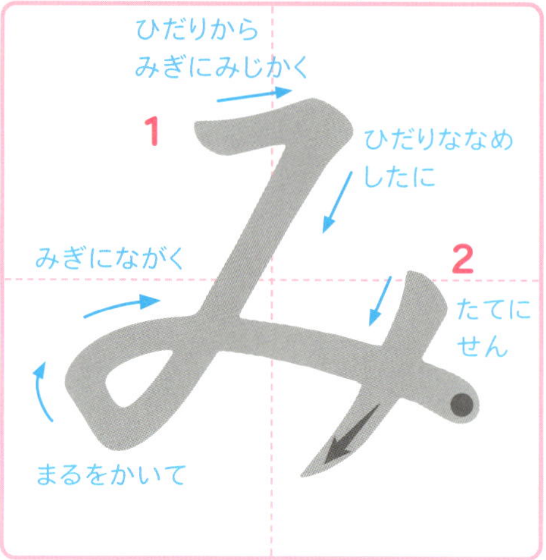
ひだりから
みぎにみじかく
1
ひだりななめ
したに
みぎにながく
2
たてに
せん
まるをかいて

□き

□し

すす

□かん

□る

みみ

「よ」も
まるが
あるんだね

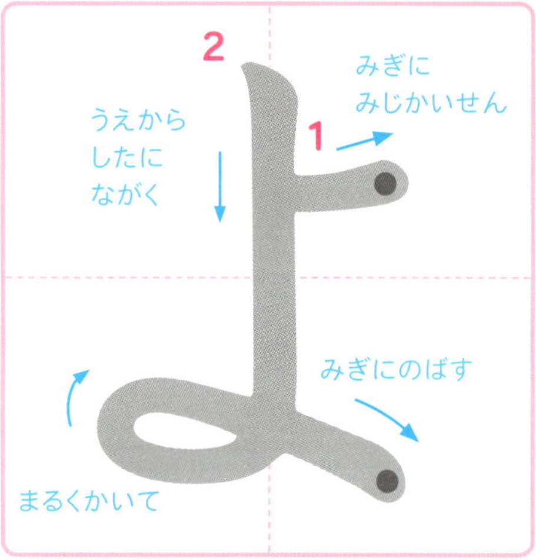
2
みぎに
みじかいせん
うえから
したに
ながく
1
みぎにのばす
まるくかいて

□る

□こ

よよ

れんしゅう 3

①  □る

②  □□ご

③  □□

④  □かん

⑤  □お□

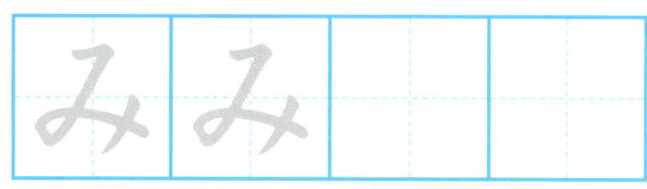

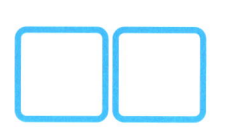

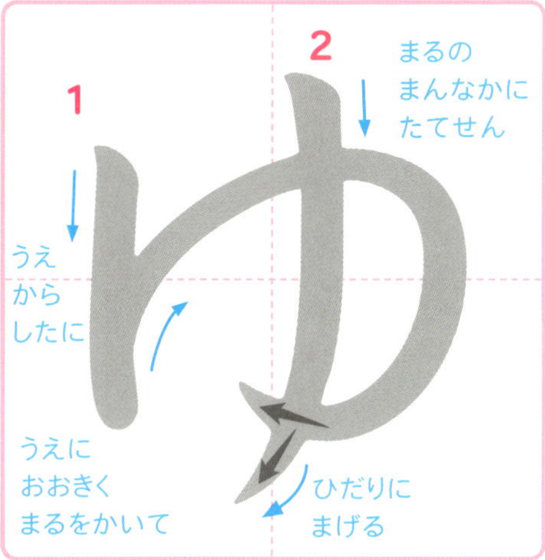

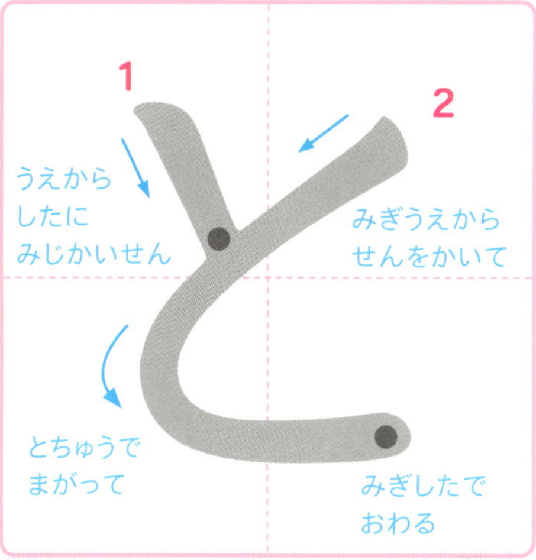

□き

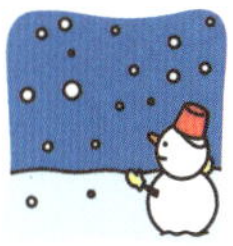

□び

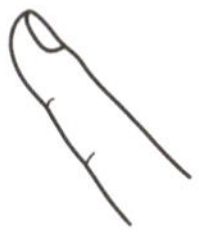

□り

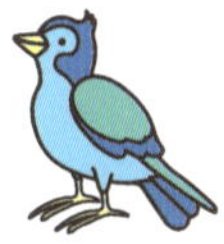

□もだち

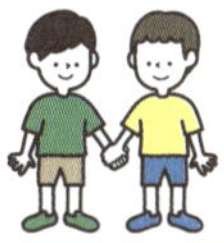

ゆ	ゆ		

と	と		

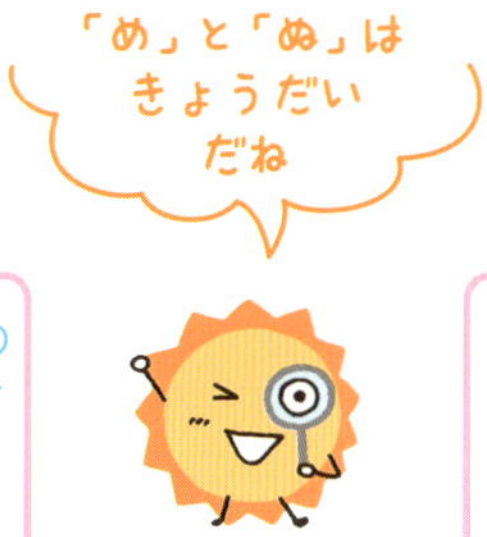

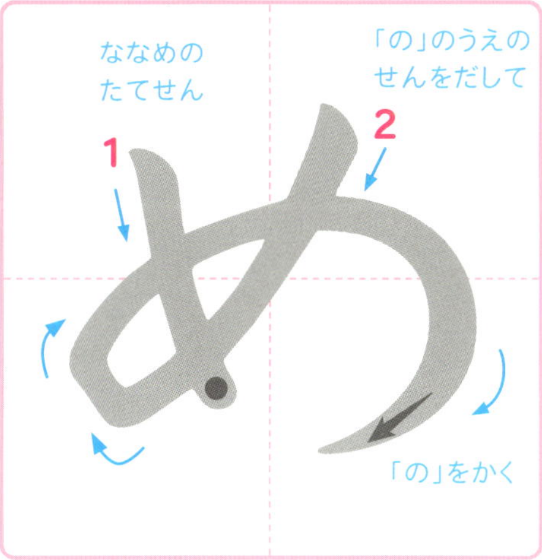

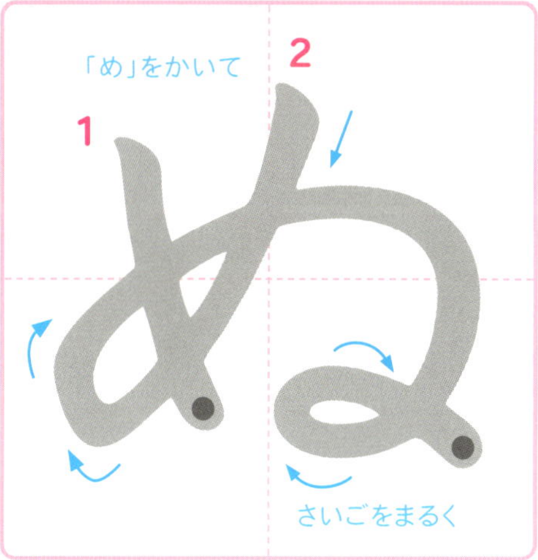

□がね

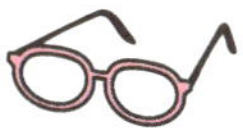

か□

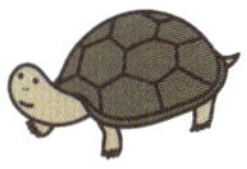

□りえ

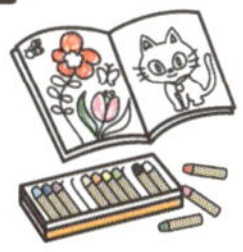

い□

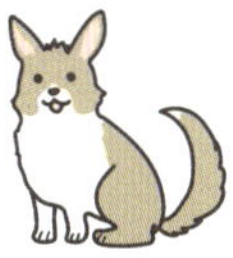

め	め		

ぬ	ぬ		

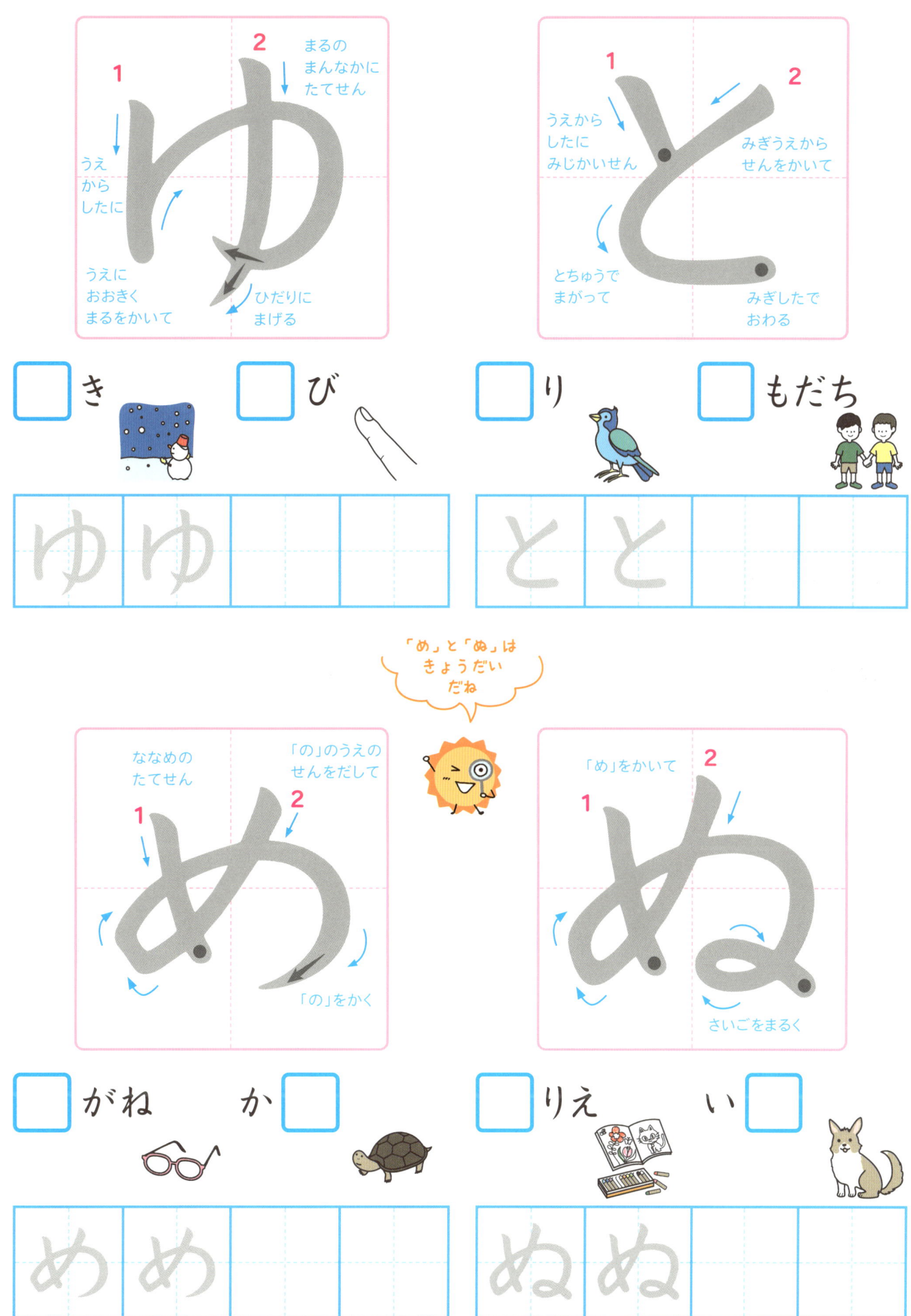

「わ」「ね」「れ」は
3きょうだい
だね

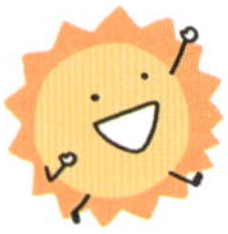

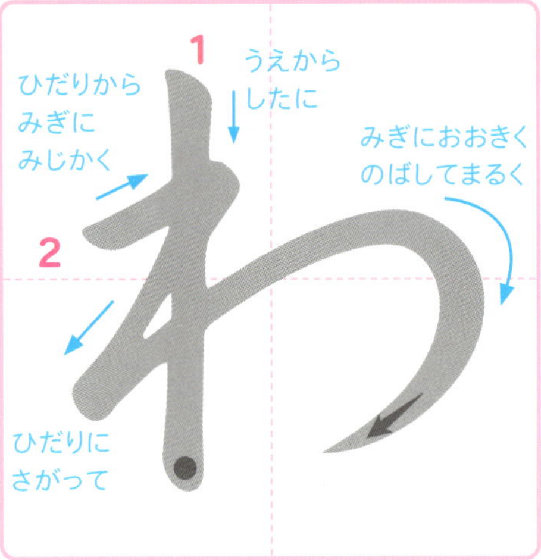

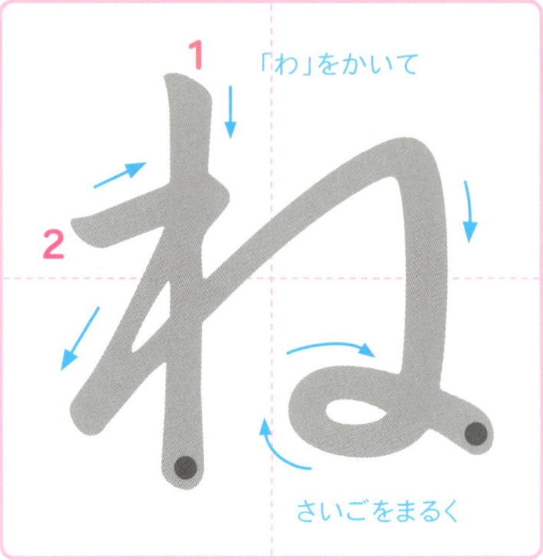

か□

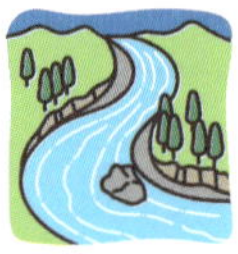

□に

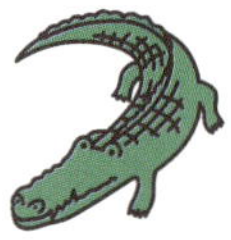

□ずみ

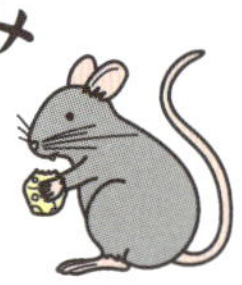

□こ

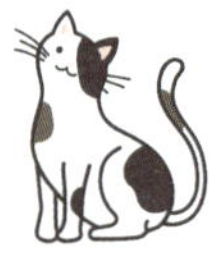

わ	わ		

ね	ね		

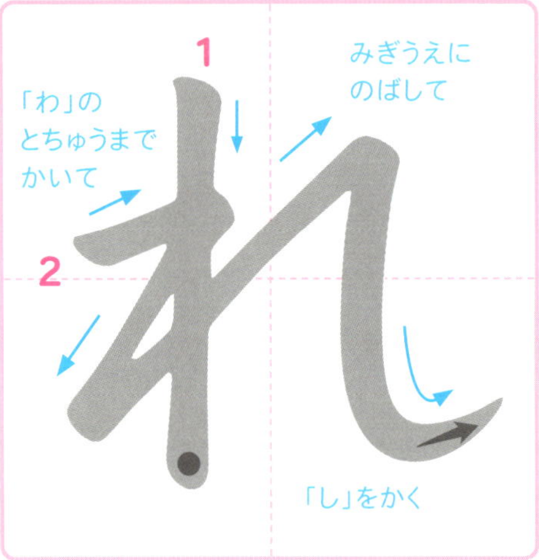

は□

□いぞうこ

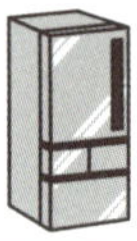

れ	れ		

れんしゅう 4

① 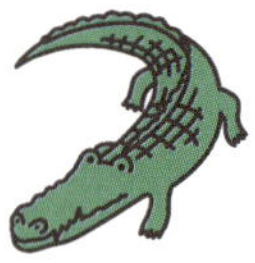 □に

② 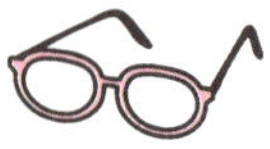 □が□

③ 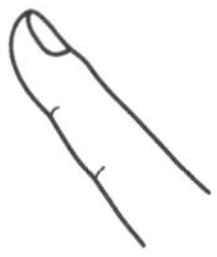 □び

④ 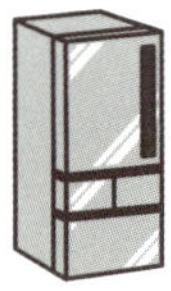 □いぞうこ

⑤ 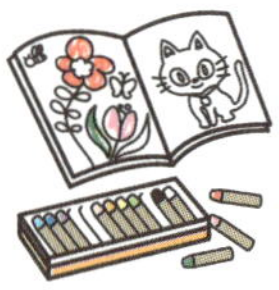 □り□

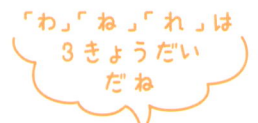

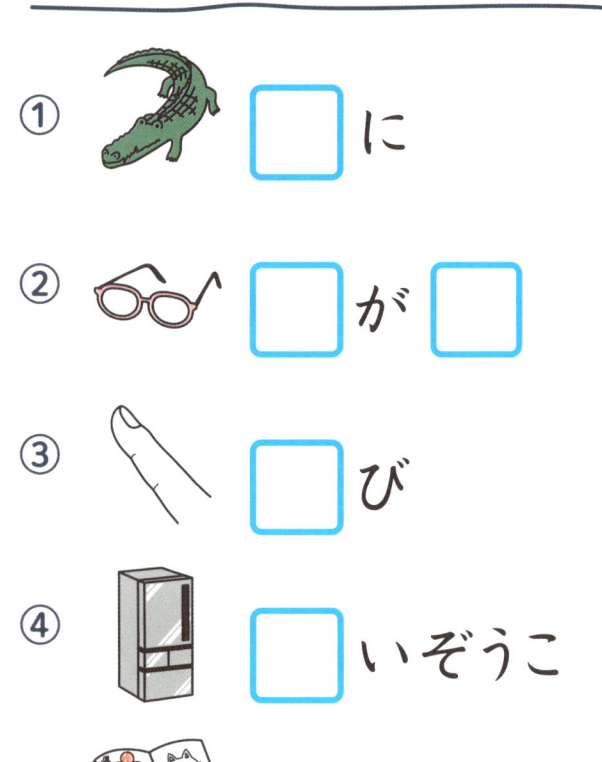

2ほんの せんと てんで かく

てんは、いちばん さいごに かきます。

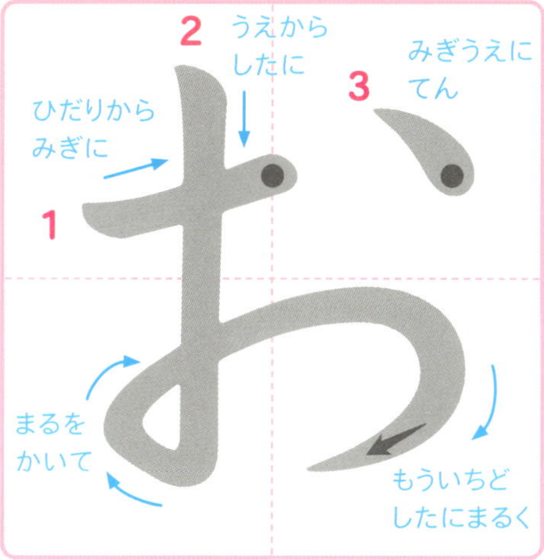

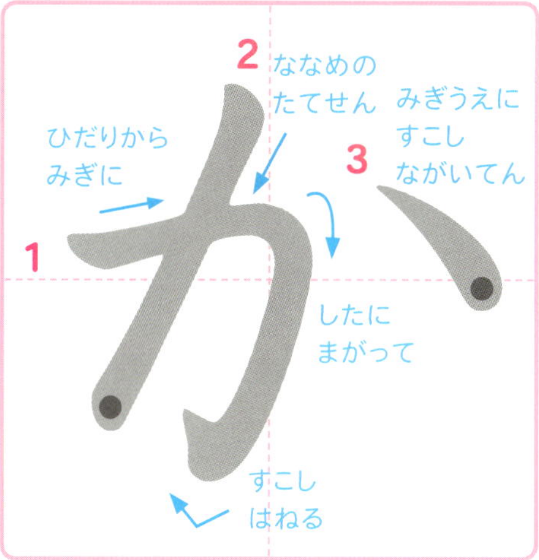

□やつ

□ひさま

□さ

□み

おお

かか

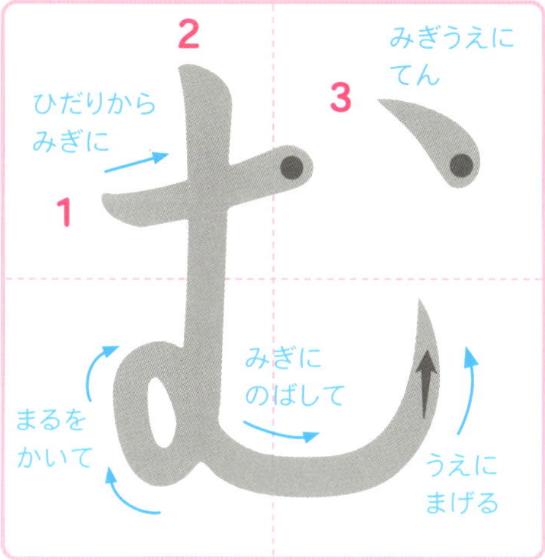

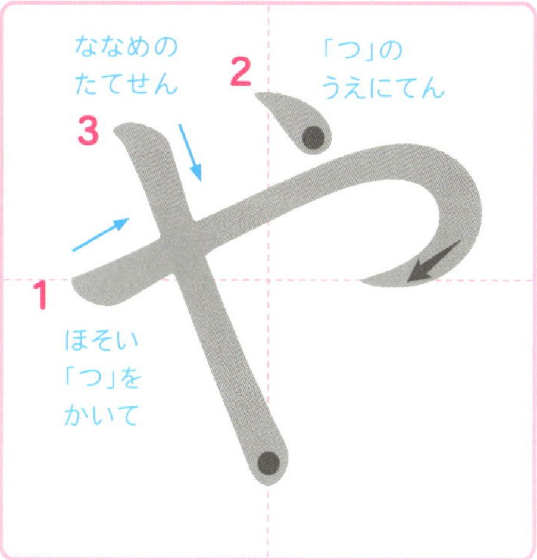

□し

□ぎちゃ

□ま

□きゅう

むむ

やや

3ぼんの せんで かく

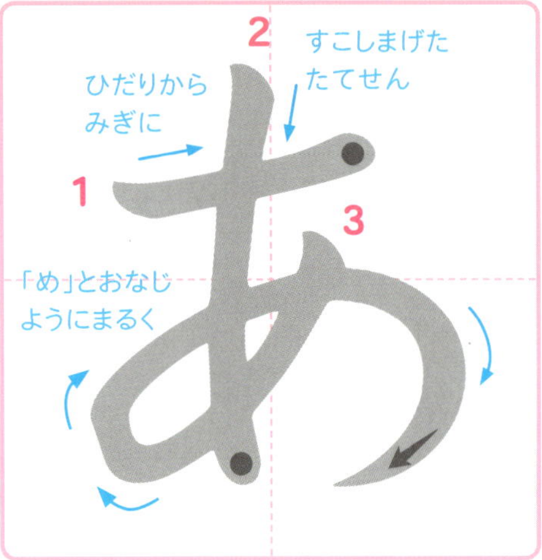

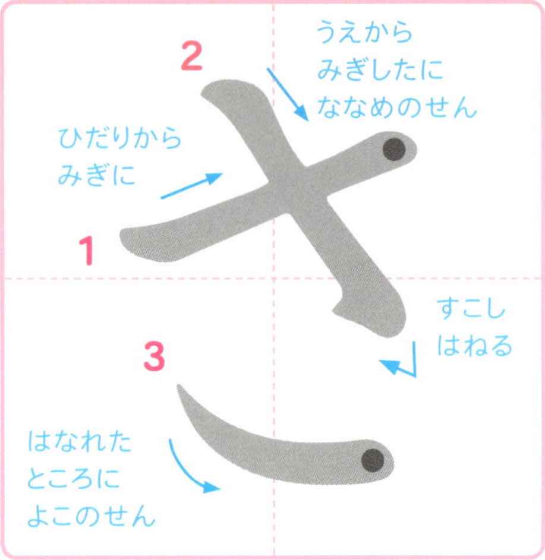

□し

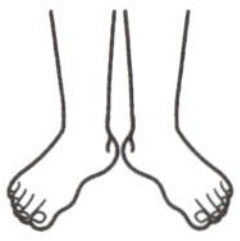

□め

□かな

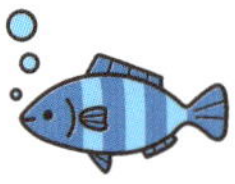

う□ぎ

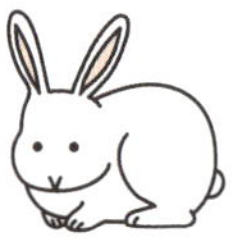

ああ

さき

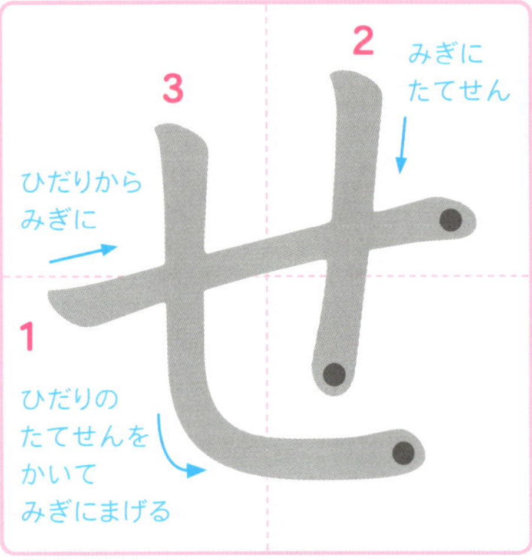

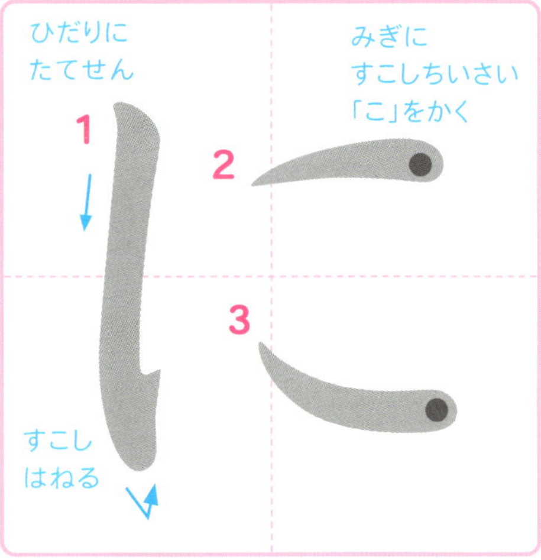

□んべい

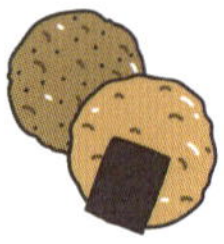

□き

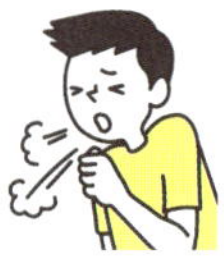

お□ぎり

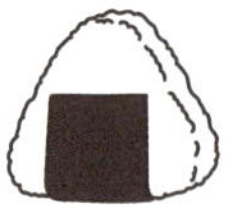

□んじん

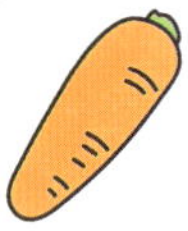

せせ

にに

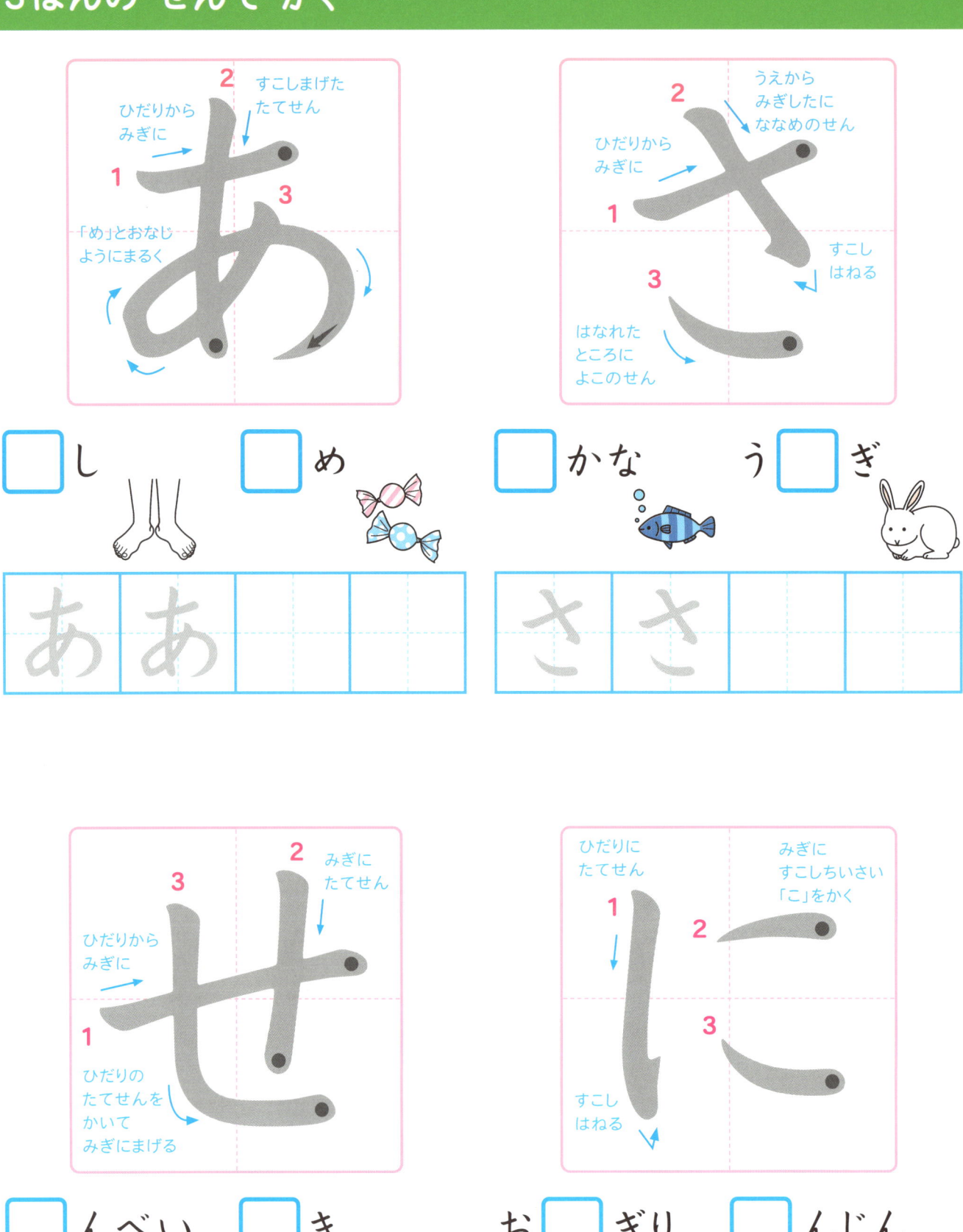

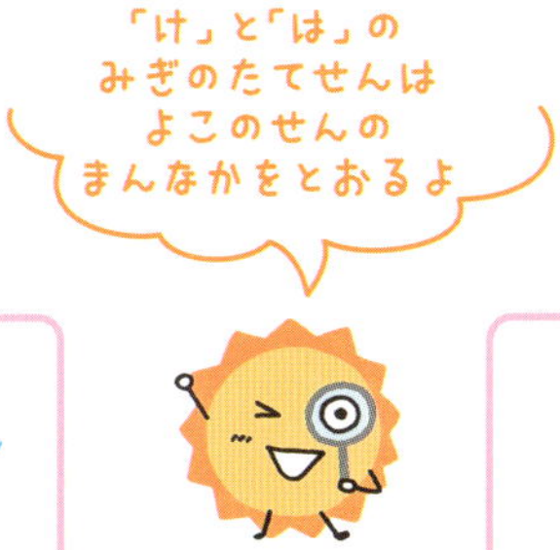

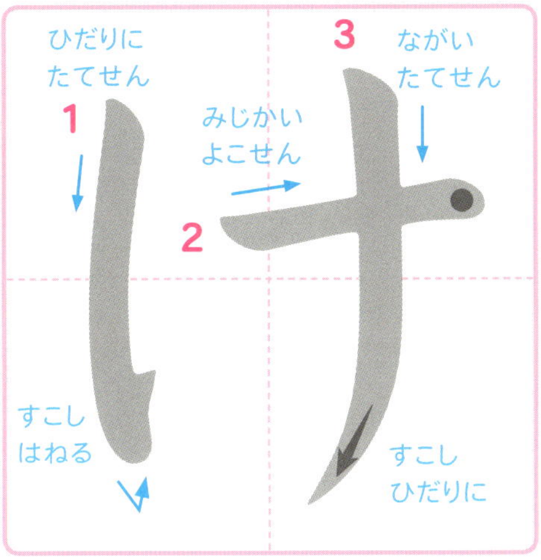

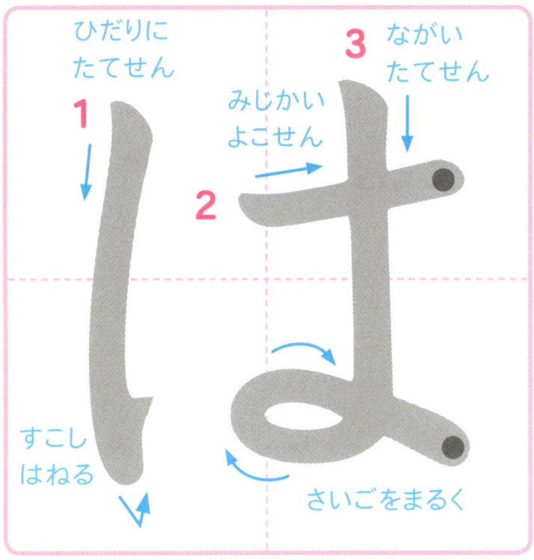

□むし　と□い

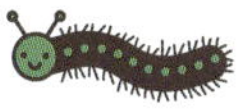

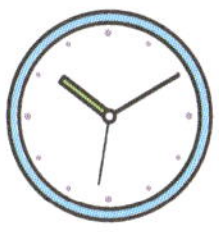

□　□さみ

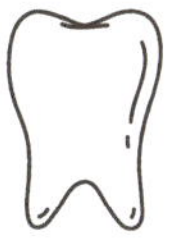

け	け		

は	は		

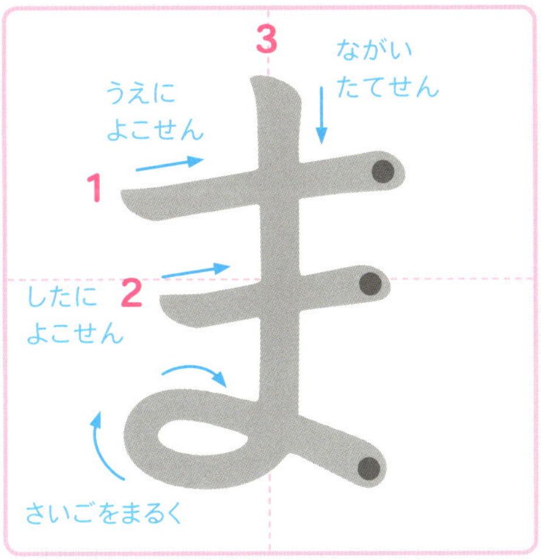

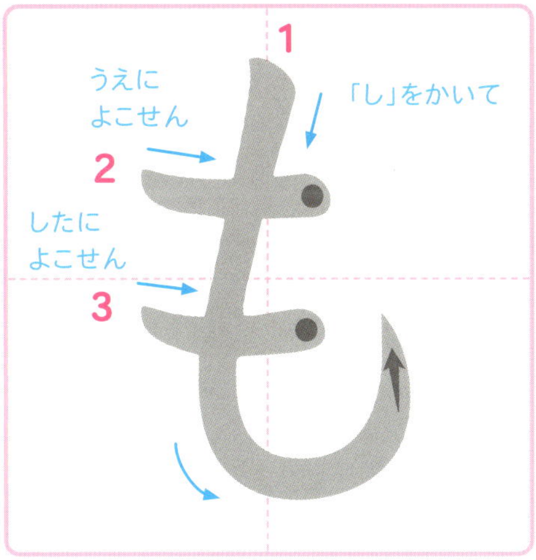

□ど　く□

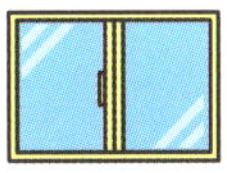

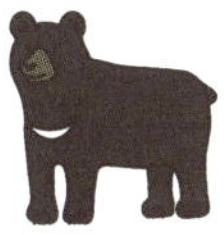

く□　□ち

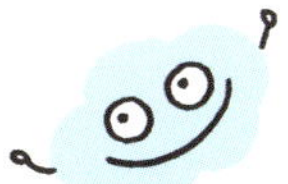

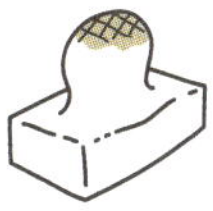

ま	ま		

も	も		

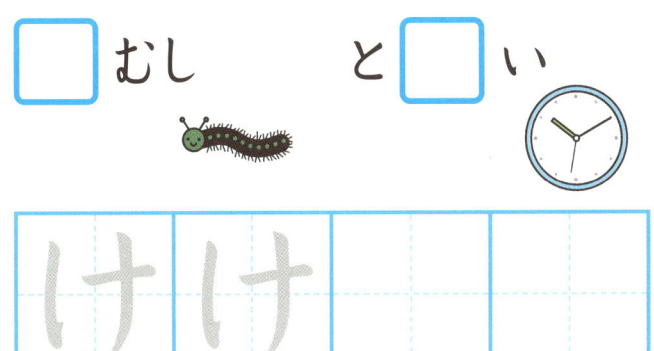

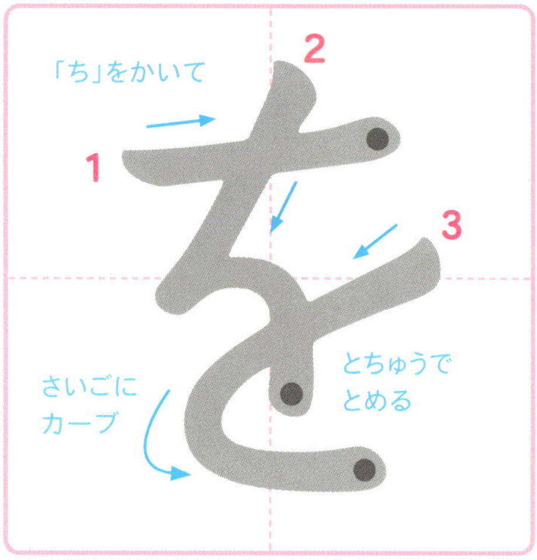

え□かく　ほん□よむ

をを

れんしゅう5

①  □□い

②  □し

③  □ひ□□

④  □きゅ□

⑤  ほん□よむ

4ほんの せんや てんで かく

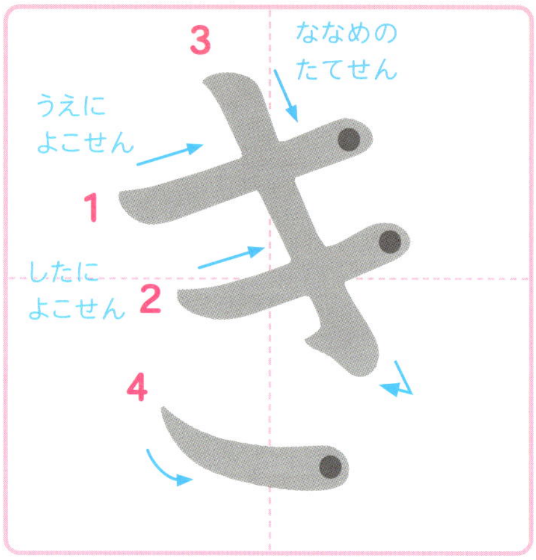

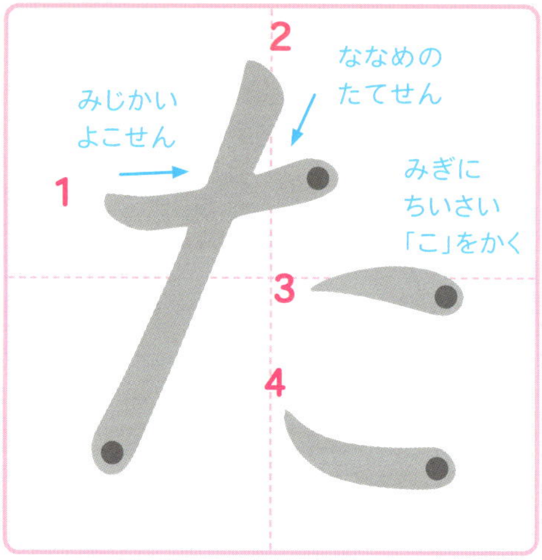

□　□もの　□まご　□ぬき

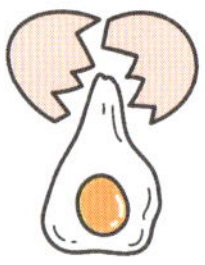

きき　たた

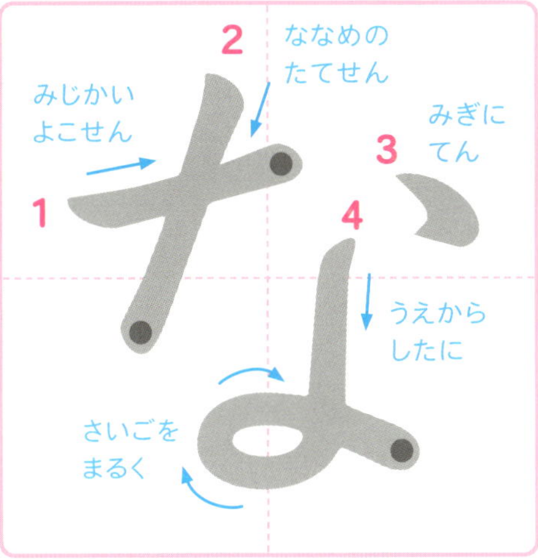

□す

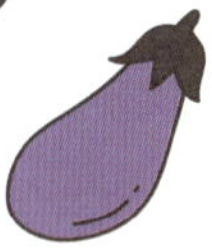

は□

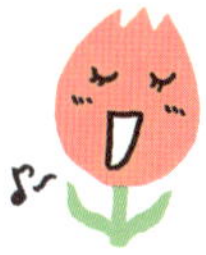

なな			

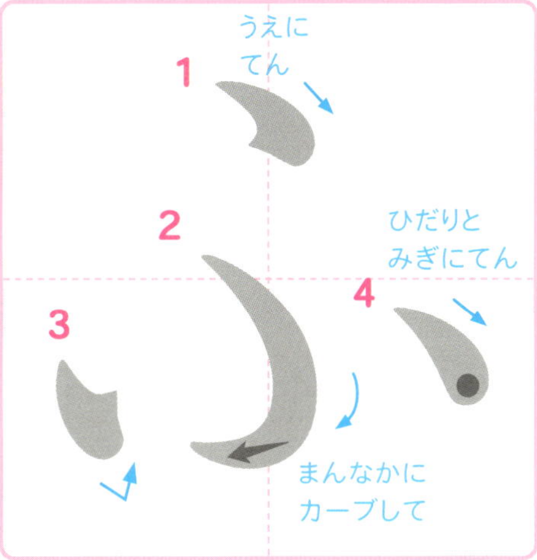

□く

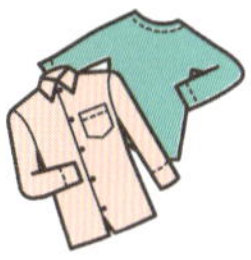

□ね

ふふ			

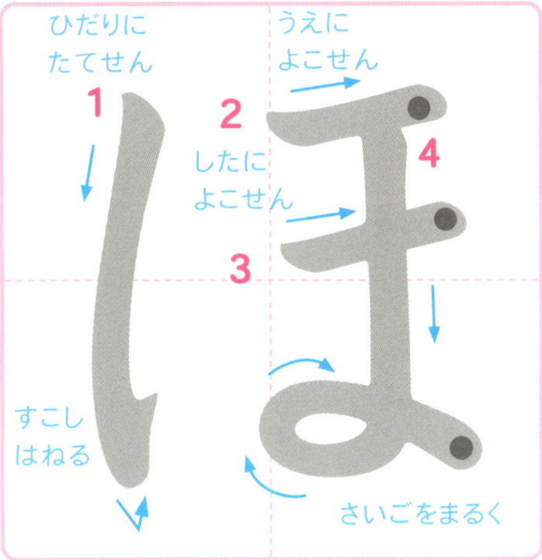

□ん

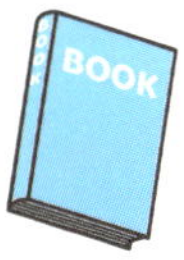

□し

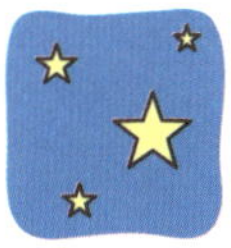

ほほ			

れんしゅう 6

① 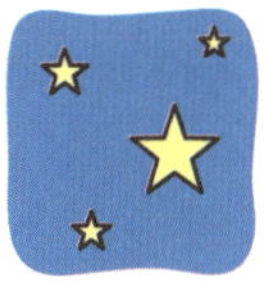 □し

② 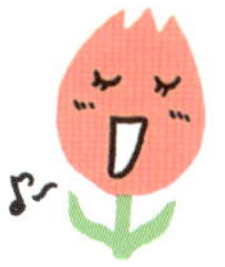 □□

③ 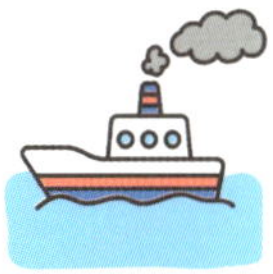 □□

④ 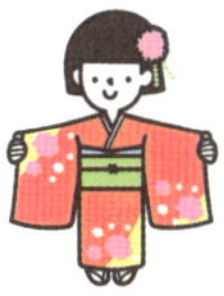 □□の

⑤ 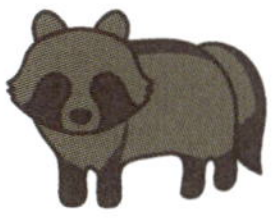 □ぬ□

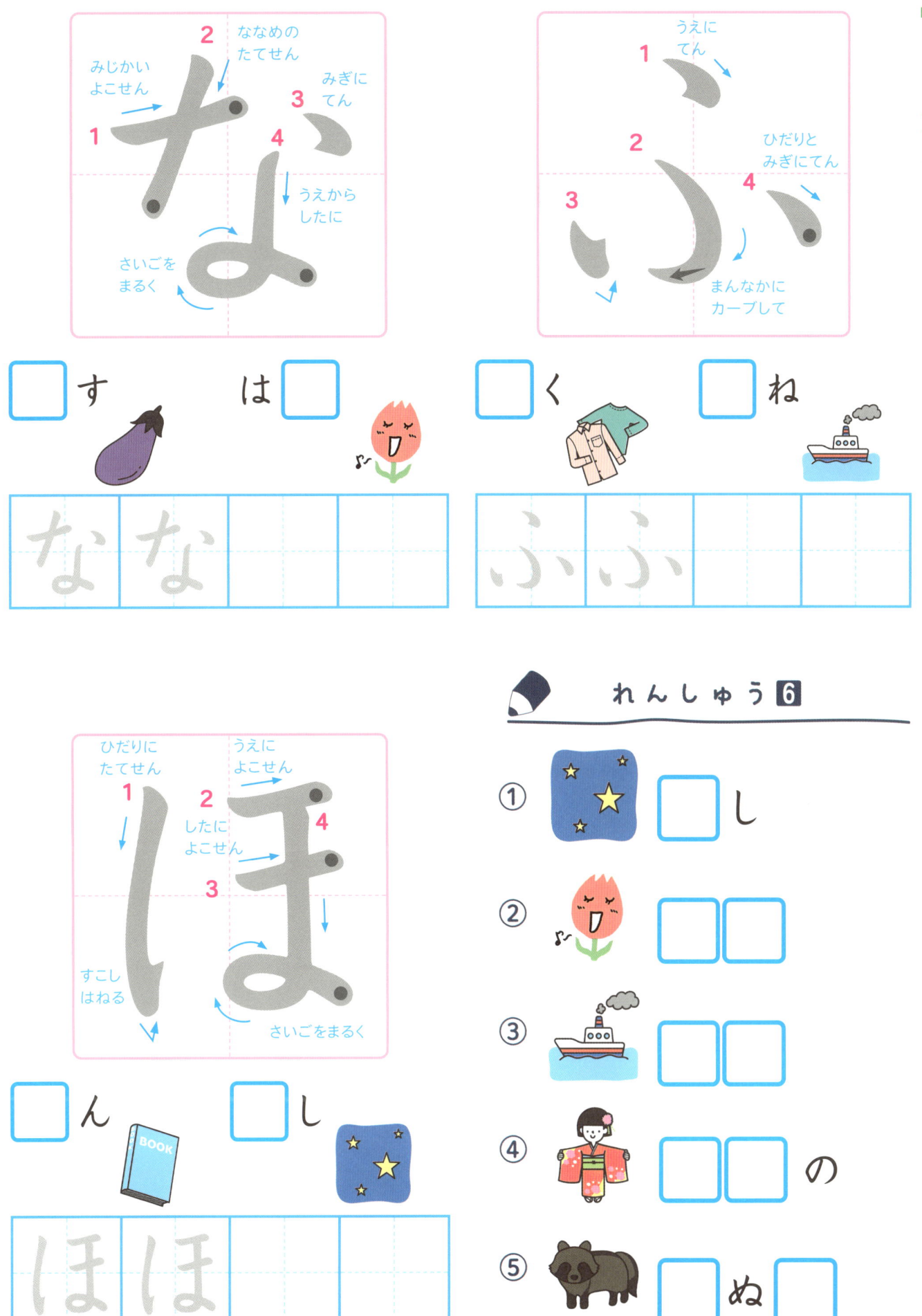

ひらがなひょう

ん	わ	ら	や	ま
		り		み
		る	ゆ	む
		れ		め
	を	ろ	よ	も

＼なぞってみよう／

は	な	た	さ	か	あ
ひ	に	ち	し	き	い
ふ	ぬ	つ	す	く	う
へ	ね	て	せ	け	え
ほ	の	と	そ	こ	お

1ぽんの せんで かく

1ぽんの せんで かきます。
とちゅうで、えんぴつを かみから はなしては いけません。

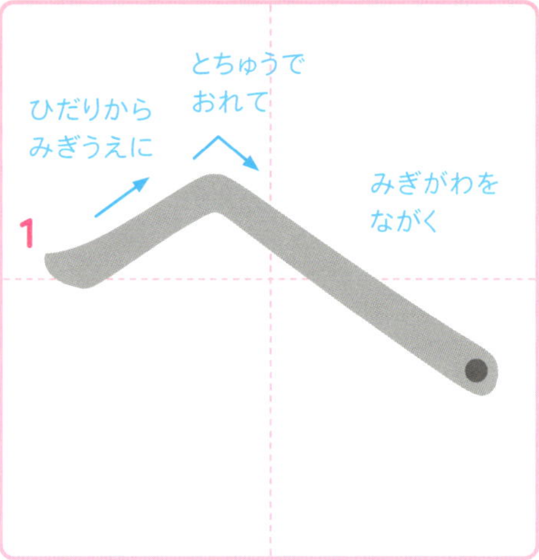

1
ひだりから
みぎうえに
とちゅうで
おれて
みぎがわを
ながく

ひらがなの
「へ」と
おなじだね

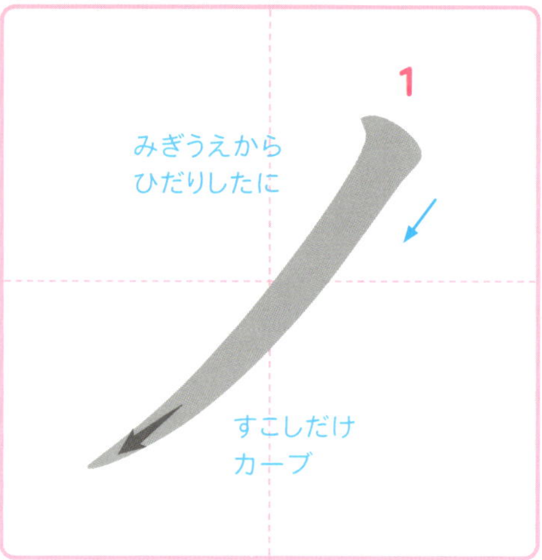

1
みぎうえから
ひだりしたに
すこしだけ
カーブ

□リコプター □ルメット ピア□ □ート

PIANO

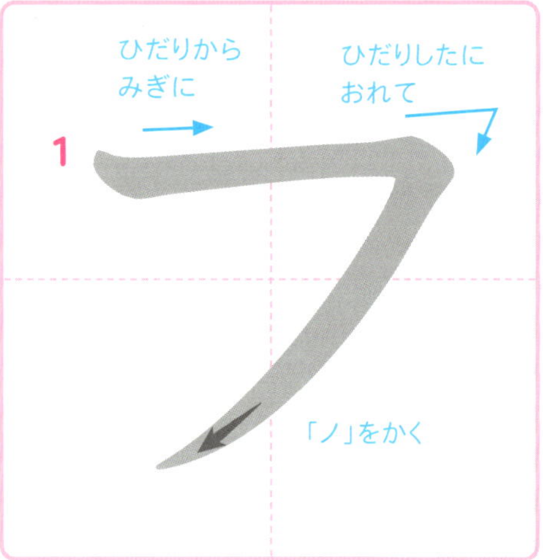

1
ひだりから
みぎに
ひだりしたに
おれて
「ノ」をかく

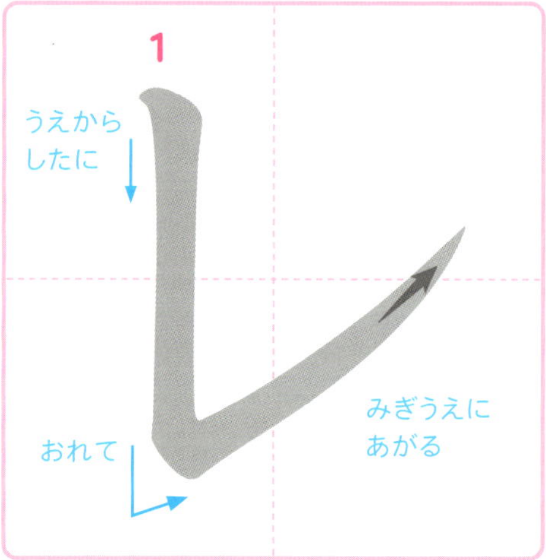

1
うえから
したに
おれて
みぎうえに
あがる

マ□ラー □ランス トイ□ ド□ス

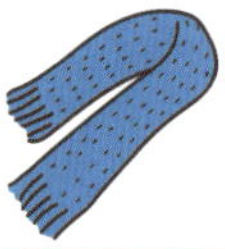

1ぽんの せんと てんで かく

1ぽんの せんと てんで かきます。
てんは、ひだりうえから みぎしたに みじかく かきます。

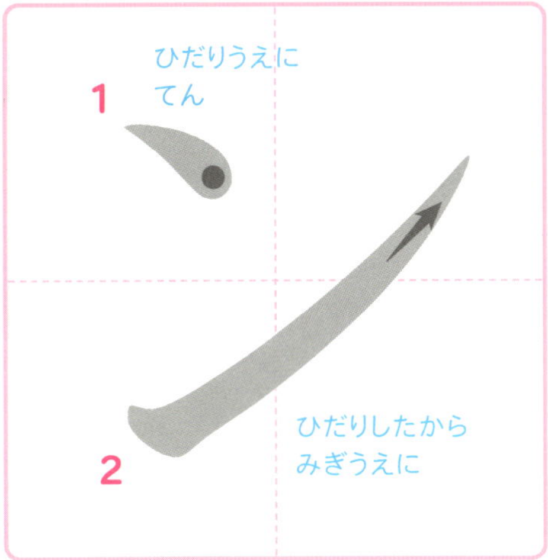

1
ひだりうえに
てん
2
ひだりしたから
みぎうえに

「ン」はしたから
うえに
かくんだよ

「ソ」はうえから
したに
かくんだよ

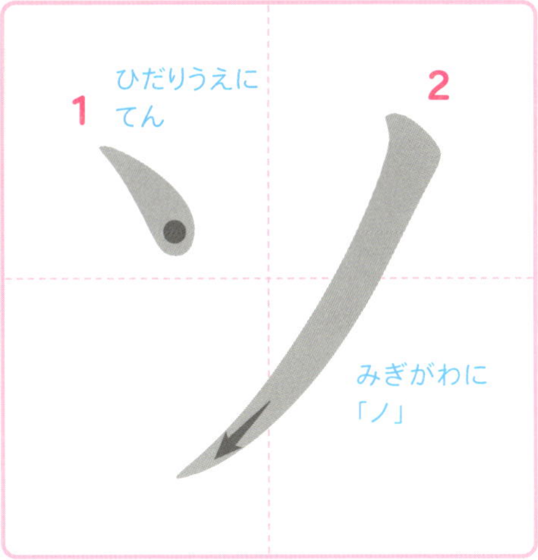

1
ひだりうえに
てん
2
みぎがわに
「ノ」

カタカナ

パ□ダ

ズボ□

□ーダ

シー□ー

ン ン

ソ ソ

1ぽんの せんと 2つの てんで かく

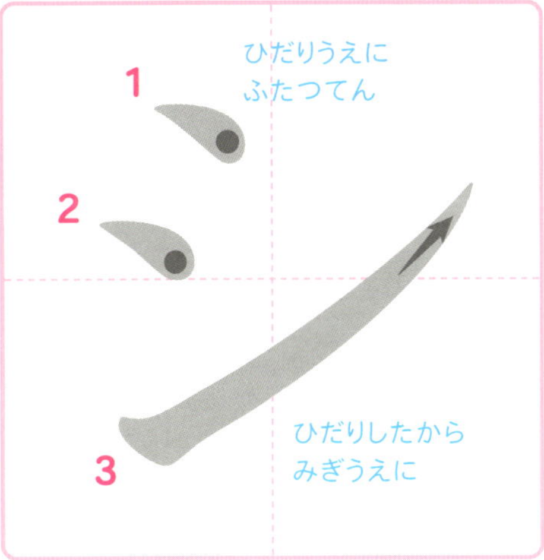

1
ひだりうえに
ふたつてん
2
3
ひだりしたから
みぎうえに

「シ」は
したからうえで
「ン」と
おなじだね

「ツ」は
うえからしたで
「ソ」と
おなじだね

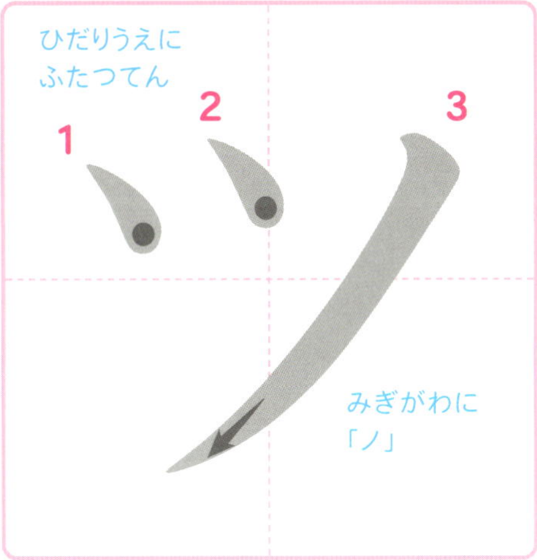

ひだりうえに
ふたつてん
1
2
3
みぎがわに
「ノ」

□ール

□ャツ

キャベ□

ドイ□

シ シ

ツ ツ

2ほんの せんで かく

2ほんの せんで かきます。

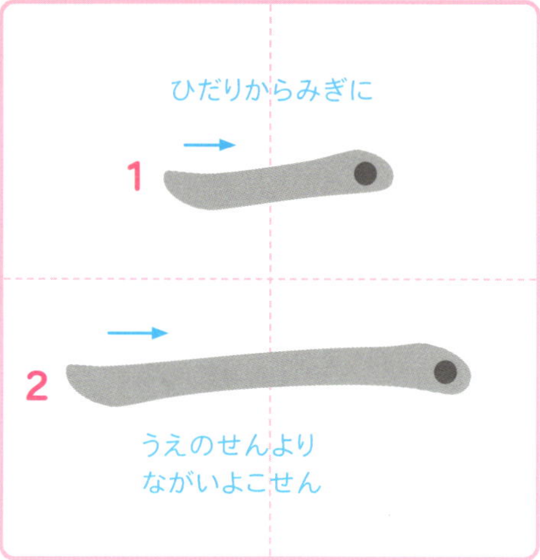

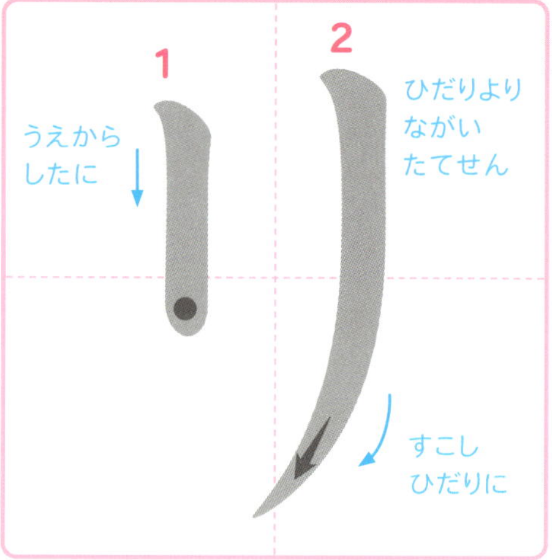

□ュース

テ□ス

□ボン

プ□ン

ニ　ニ

リ　リ

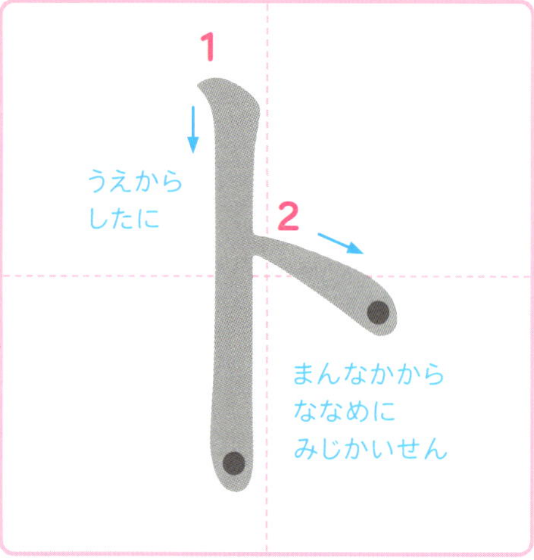

□ラ

コー□

ト　ト

れんしゅう 7

① 

ピア□

② 

テ□ス

③ 

□イ□

④ 

□ー□ー

⑤ 

ドイ□

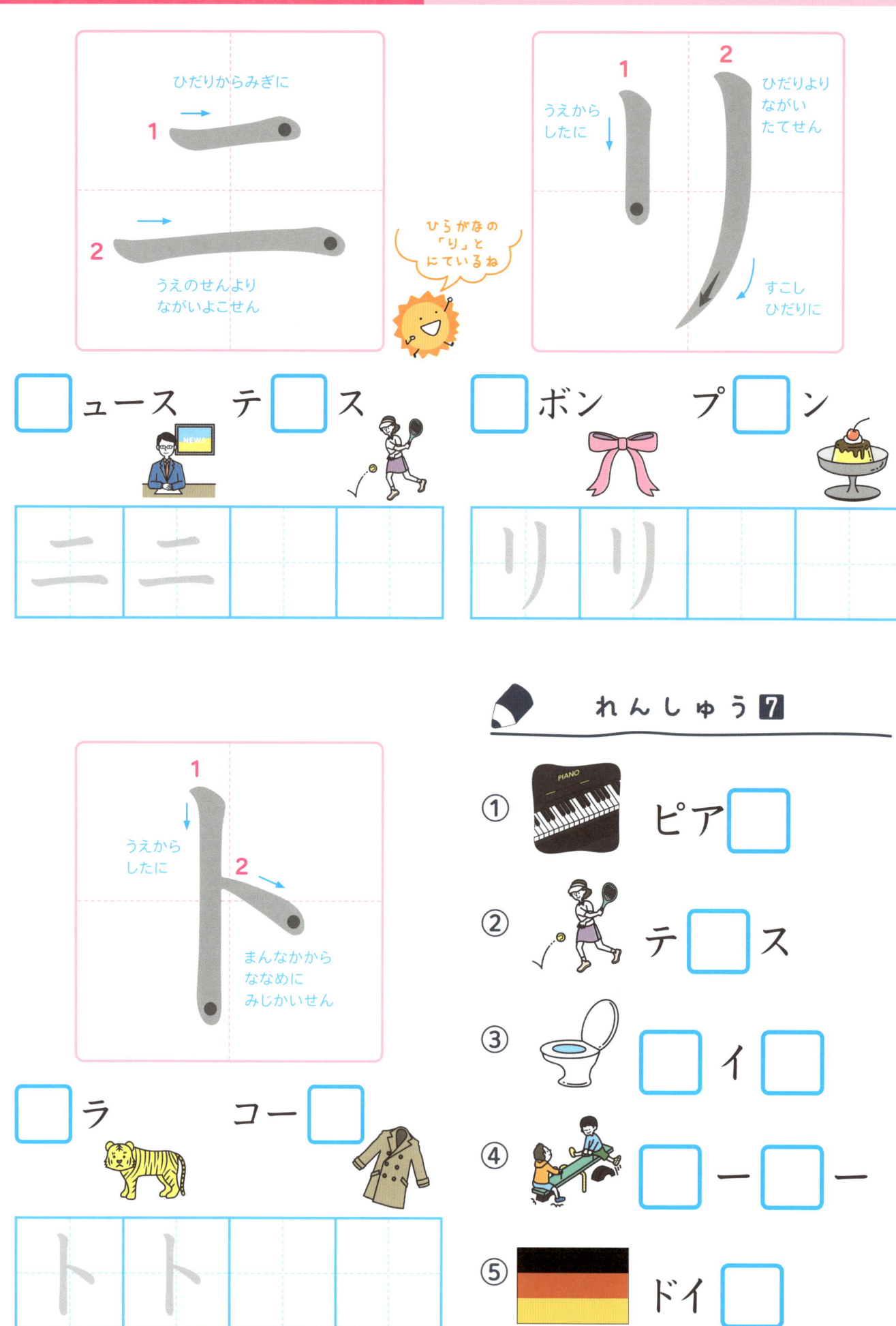

このページのカタカナは
みんな「ノ」があるよ

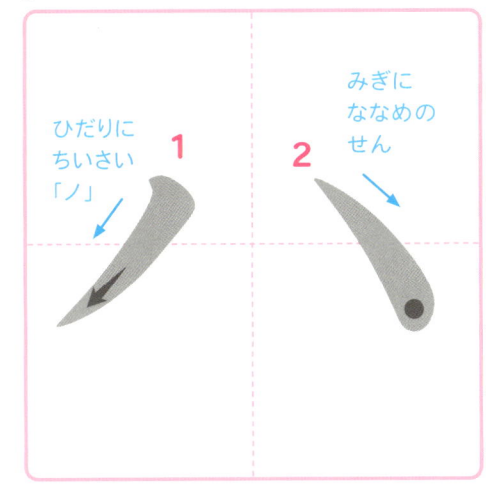

ハ

1 ひだりに ちいさい「ノ」

2 みぎに ななめの せん

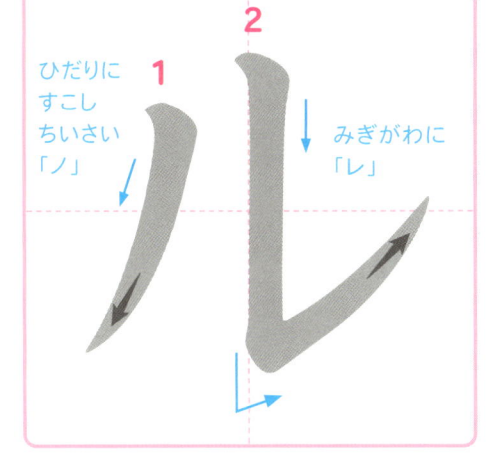

ル

1 ひだりに すこし ちいさい「ノ」

2 みぎがわに「レ」

□ンバーグ

□ート

カエ□

ボー□

ハ ハ

ル ル

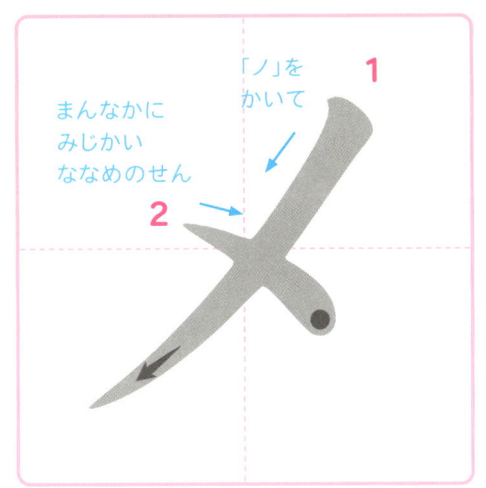

メ

1 「ノ」を かいて

2 まんなかに みじかい ななめのせん

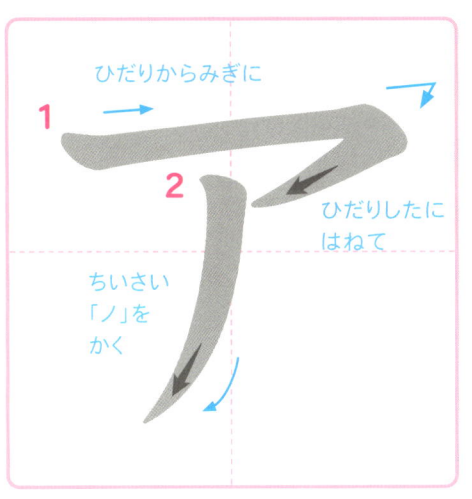

ア

1 ひだりからみぎに

ひだりしたに はねて

2 ちいさい「ノ」を かく

□ロン

ラー□ン

□イス

□メリカ

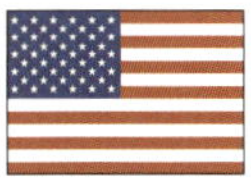

メ メ

ア ア

カタカナ

このページのカタカナも
みんな「ノ」があるね

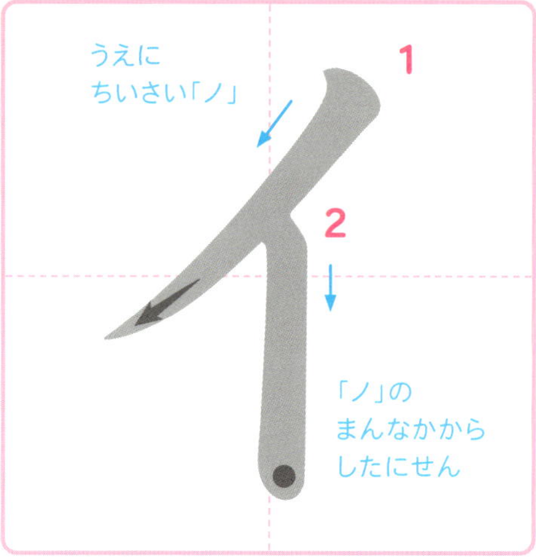
1
うえに
ちいさい「ノ」
2
「ノ」の
まんなかから
したにせん

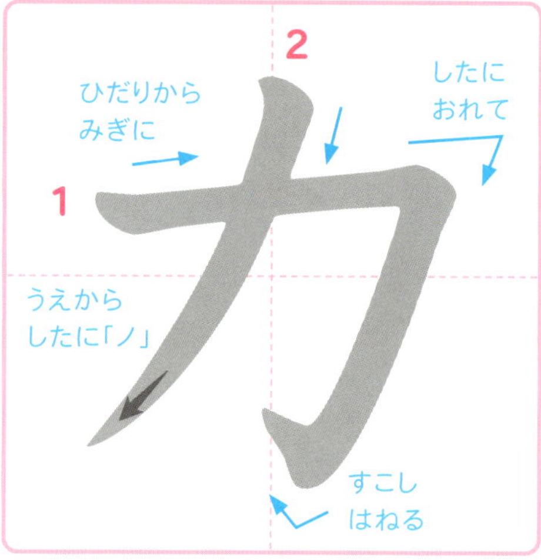
2
ひだりから
みぎに
1
したに
おれて
うえから
したに「ノ」
すこし
はねる

□タリア　　□ンド

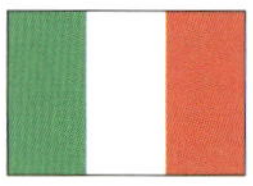

イ イ

□ンガルー　　ス□ート

カ カ

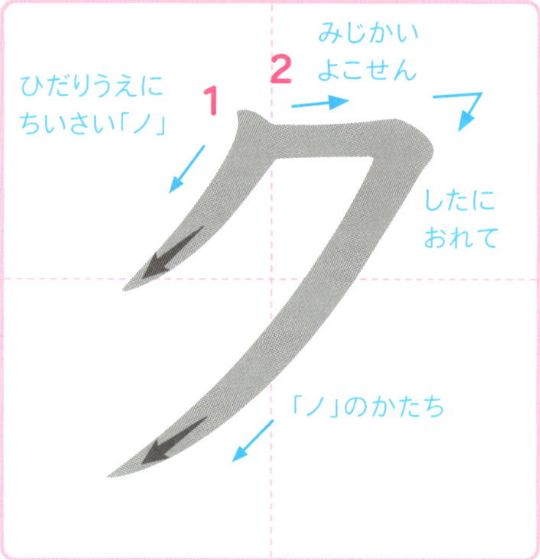
みじかい
よこせん
ひだりうえに
ちいさい「ノ」
1
2
したに
おれて
「ノ」のかたち

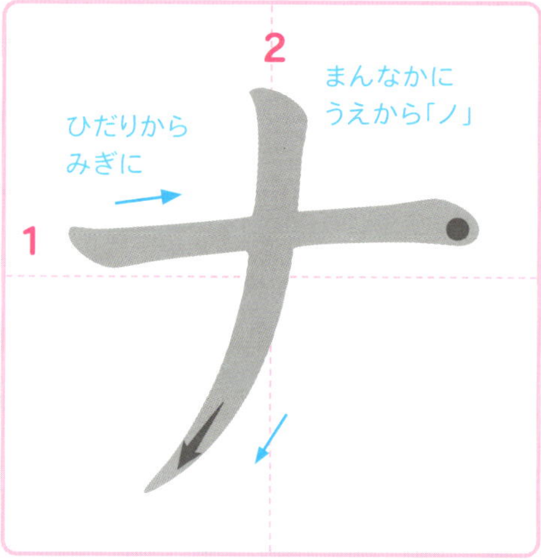
2
まんなかに
うえから「ノ」
ひだりから
みぎに
1

ピン□　　□ッキー

ク ク

□イフ　　カ□ダ

ナ ナ

このページのカタカナは
みんな「フ」があるよ

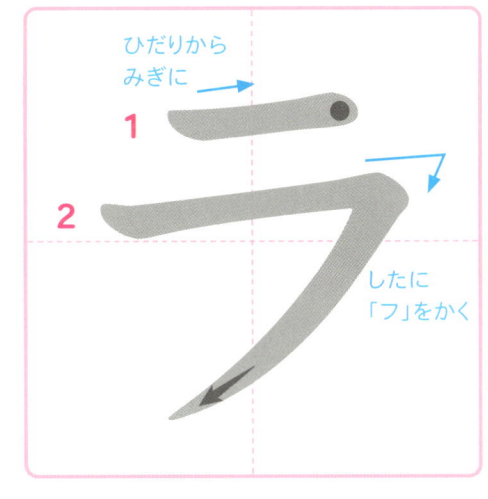

ラ

ひだりから
みぎに
1
2
したに
「フ」をかく

□ケット

□イオン

ラ ラ

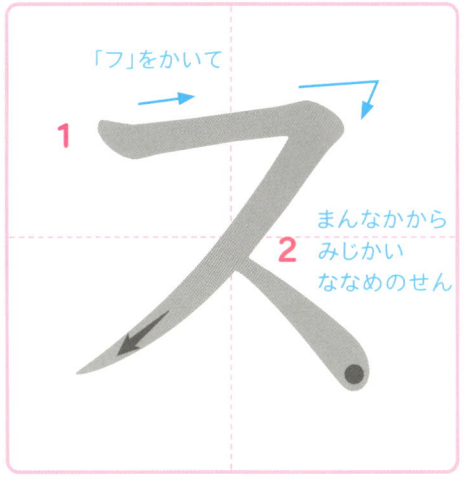

ス

「フ」をかいて
1
2
まんなかから
みじかい
ななめのせん

□キー

バ□

ス ス

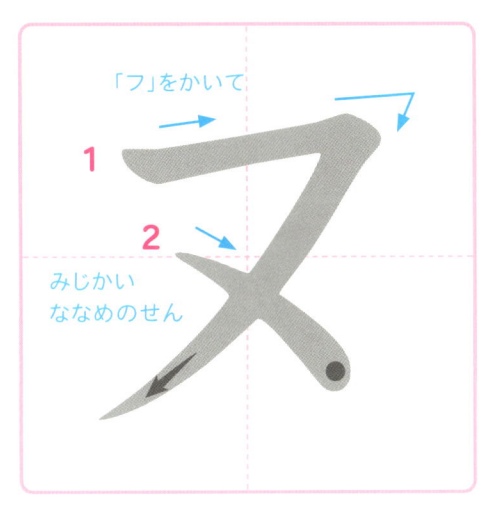

ヌ

「フ」をかいて
1
2
みじかい
ななめのせん

カ□ー

ク□ギ

ヌ ヌ

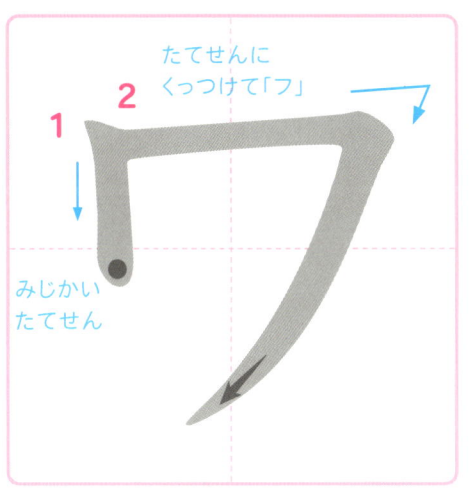

ワ

たてせんに
くっつけて「フ」
2
1
みじかい
たてせん

シャ□ー

□ンピース

ワ ワ

はねたり、おれたりする
せんがあるカタカナだね

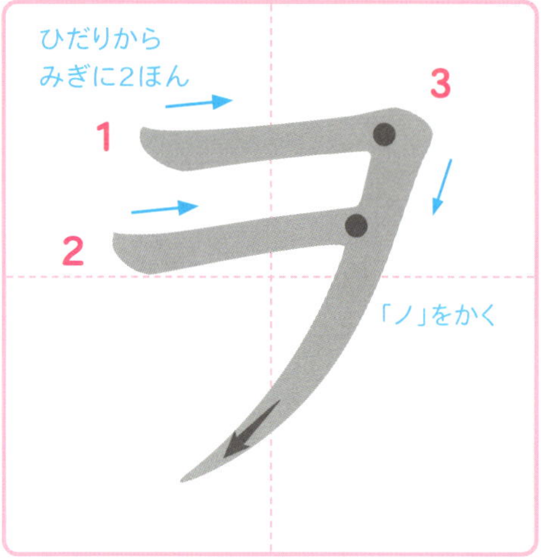

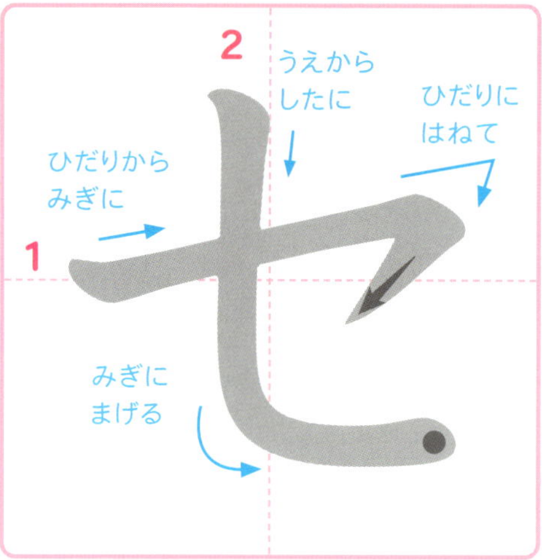

エ□カク　ホン□ヨム

□ーター　□ミ

ヲ	ヲ		

セ	セ		

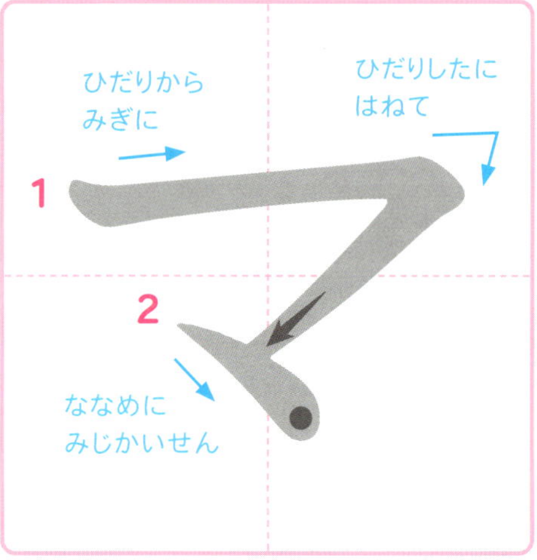

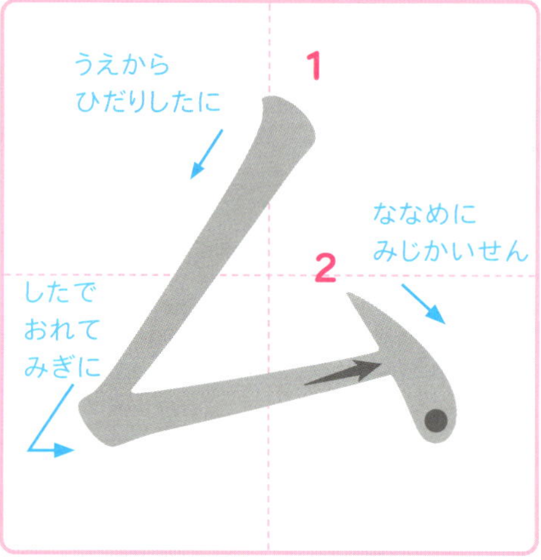

□レーシア　ト□ト

ゲー□　ハ□スター

マ	マ		

ム	ム		

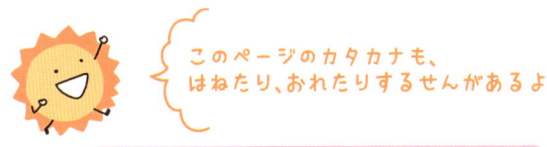

このページのカタカナも、
はねたり、おれたりするせんがあるよ

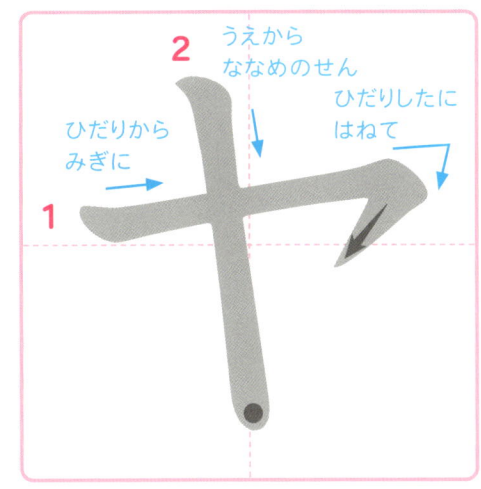

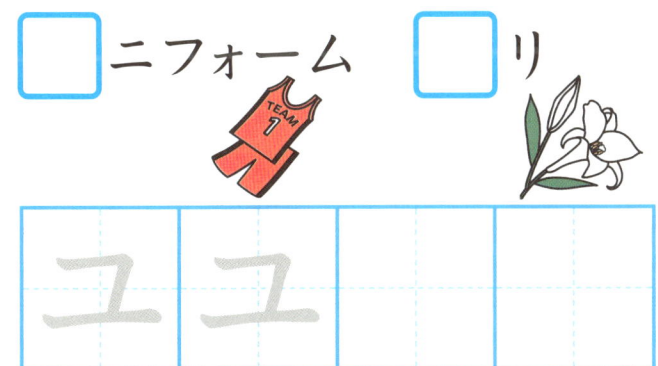

ヤ

1 ひだりから みぎに
2 うえから ななめのせん
ひだりしたに はねて

□ギ　タイ□

ヤ ヤ

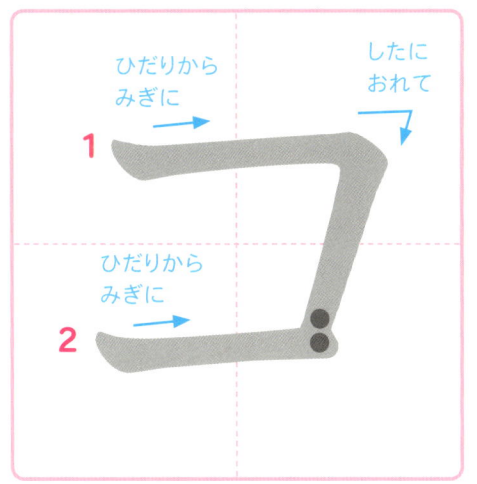

コ

1 ひだりから みぎに
したに おれて
2 ひだりから みぎに

□アラ　□ップ

コ コ

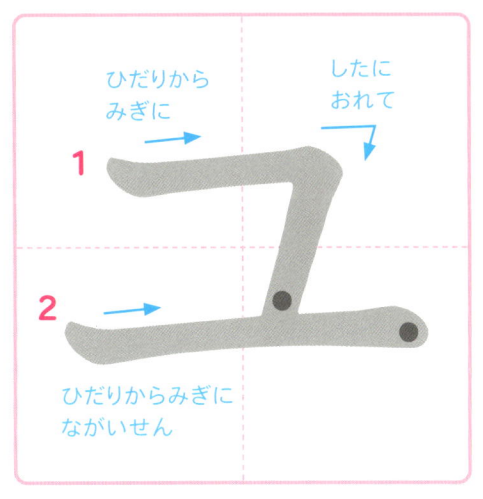

ユ

1 ひだりから みぎに
したに おれて
2 ひだりからみぎに ながいせん

□ニフォーム　□リ

ユ ユ

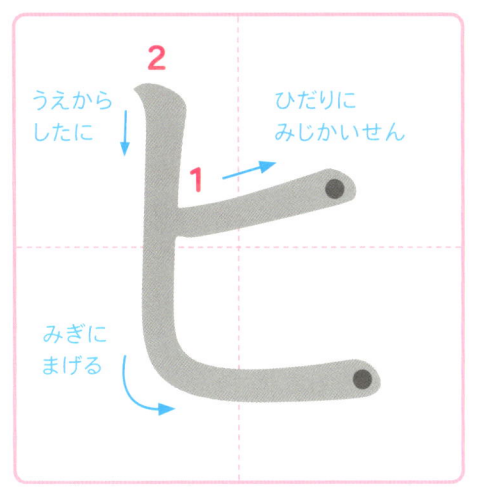

ヒ

1 ひだりに みじかいせん
2 うえから したに
みぎに まげる

□ーロー　□ロイン

ヒ ヒ

2ほんの せんと 2つの てんで かく

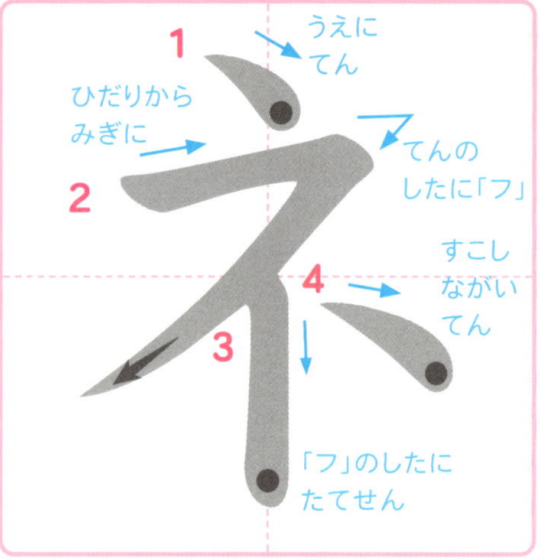

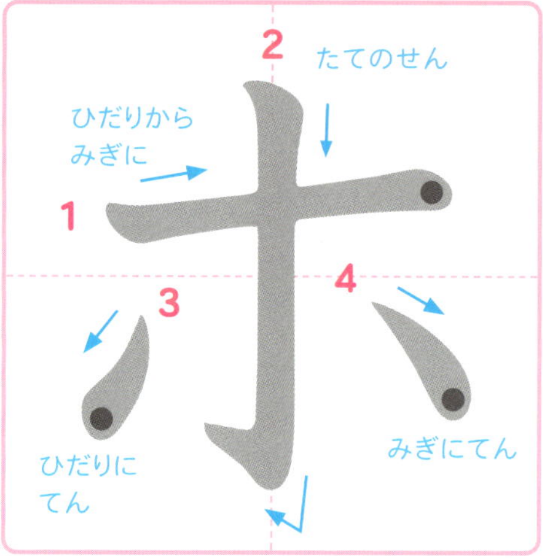

クラリ□ット　□パール　□ットケーキ　□テル

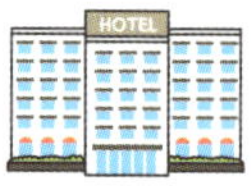

ネ　ネ

ホ　ホ

3ぼんの せんで かく

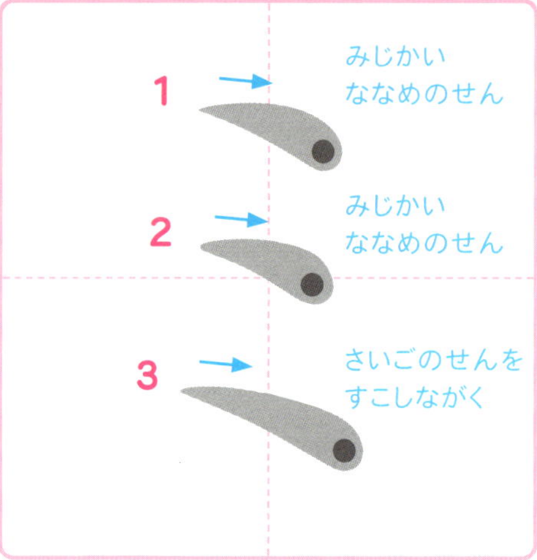

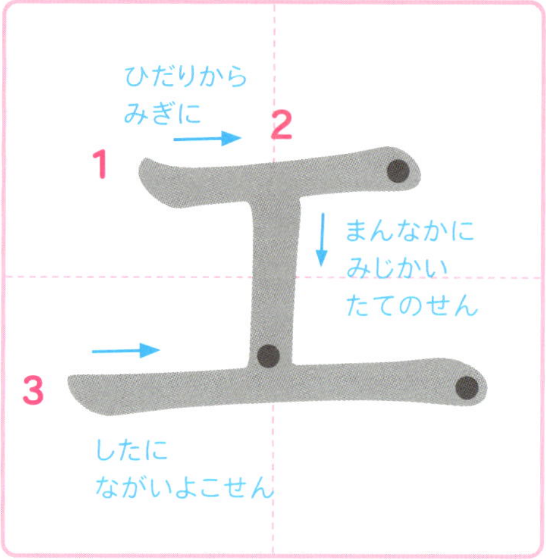

□ニカー　□ャンマー　バレ□　□ジプト

ミ　ミ

エ　エ

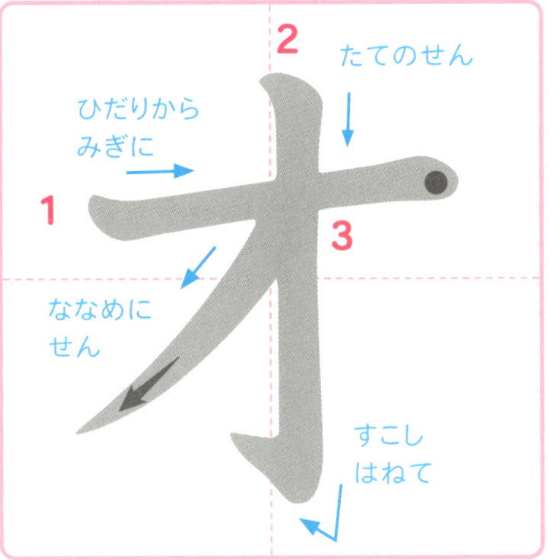
1
ひだりから
みぎに
2
たてのせん
3
ななめに
せん
すこし
はねて

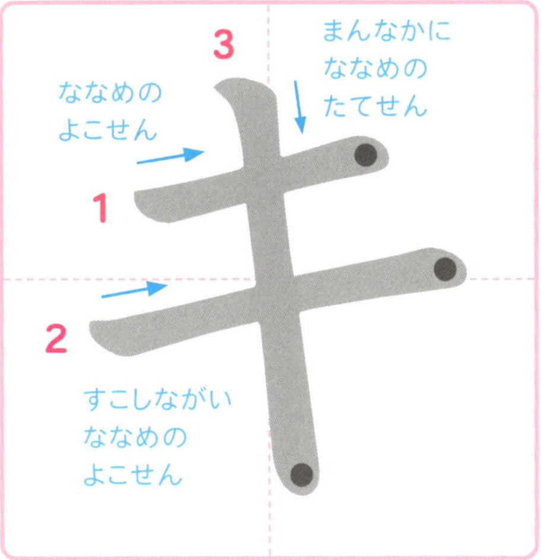
1
ななめの
よこせん
2
すこしながい
ななめの
よこせん
3
まんなかに
ななめの
たてせん

タ□ル　□ランダ

オ オ

メ□シコ　□ャンプ

キ キ

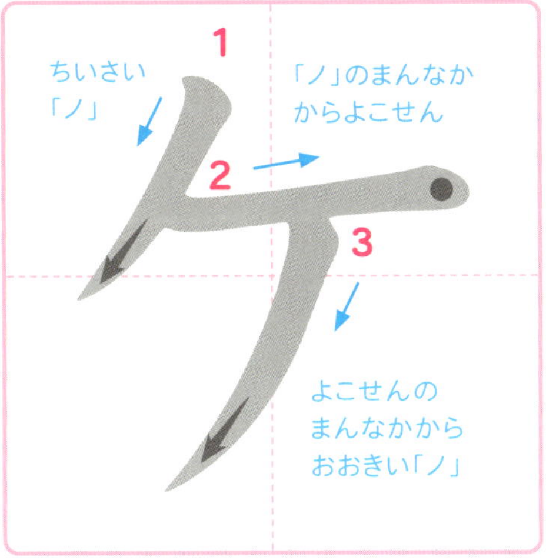
1
ちいさい
「ノ」
2
「ノ」のまんなか
からよこせん
3
よこせんの
まんなかから
おおきい「ノ」

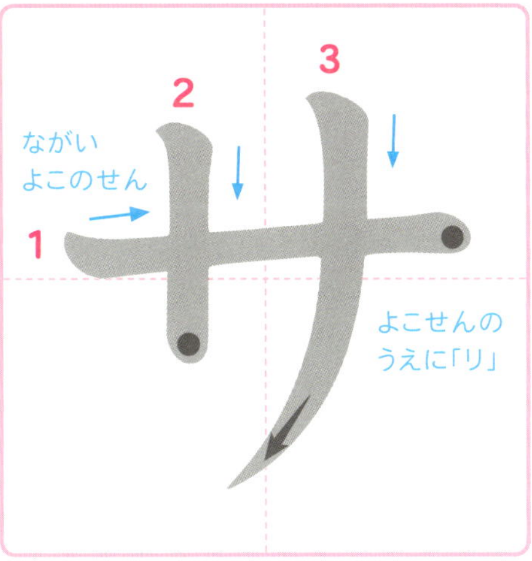
1
ながい
よこのせん
2
3
よこせんの
うえに「リ」

ス□ート　□ーキ

ケ ケ

□ンダル　□ッカー

サ サ

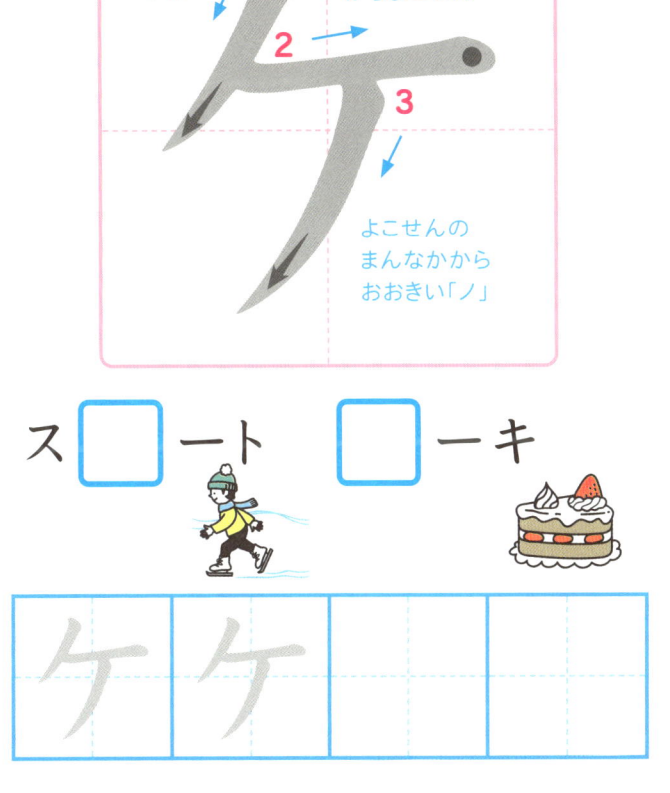

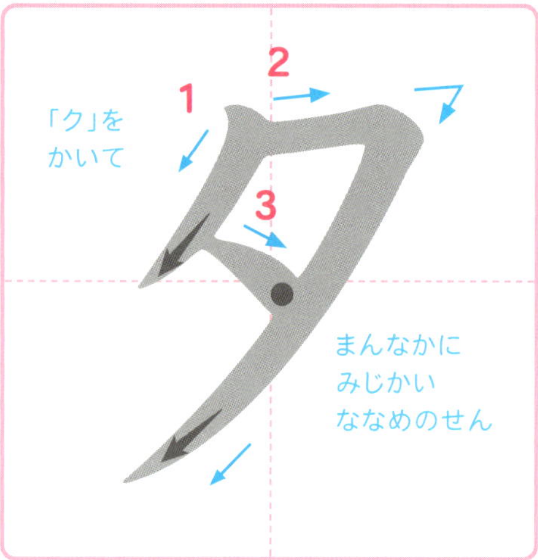

ギ□ー　□イ

タ タ

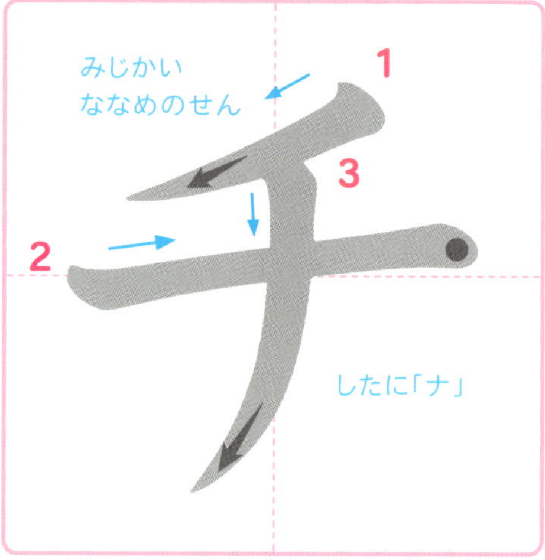

□ョコレート　□ーター

チ チ

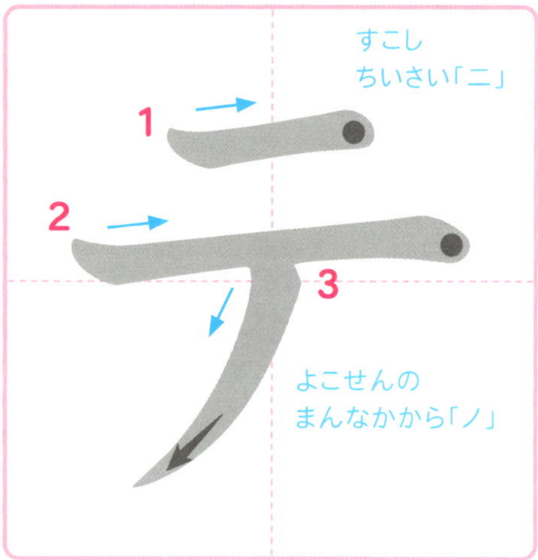

□レビ　□ント

テ テ

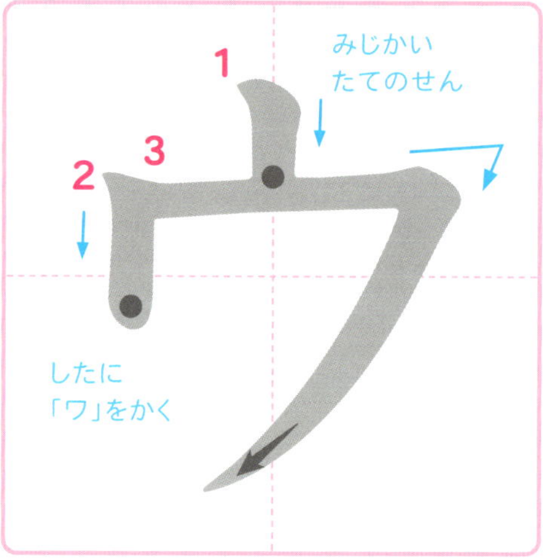

キ□イ　□イルス

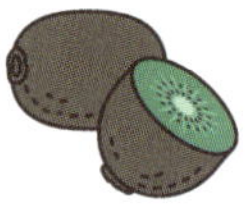

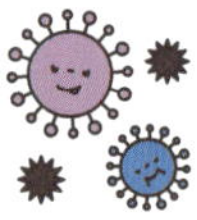

ウ ウ

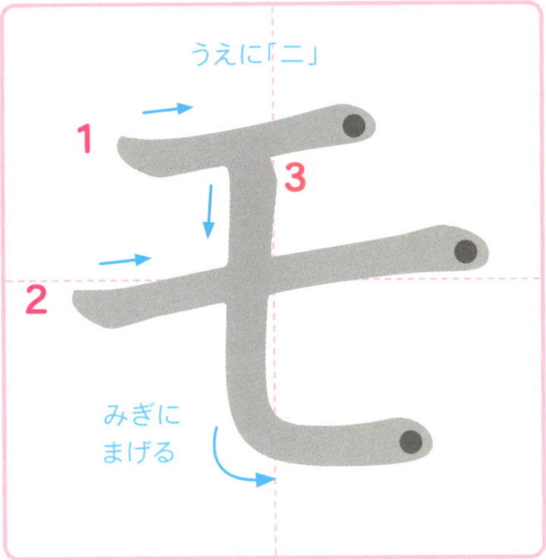
うえに「二」
1
2
3
みぎに
まげる

□デル

レ□ン

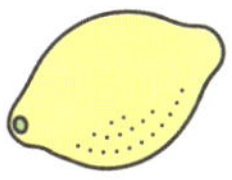

モ モ

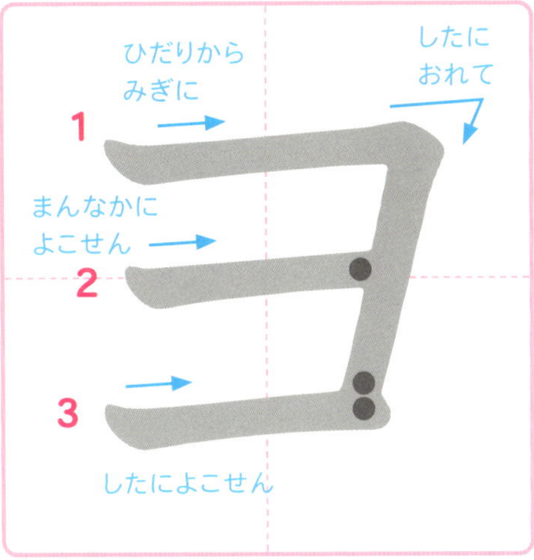
ひだりから
みぎに
したに
おれて
1
まんなかに
よこせん
2
3
したによこせん

□ーグルト

□ット

ヨ ヨ

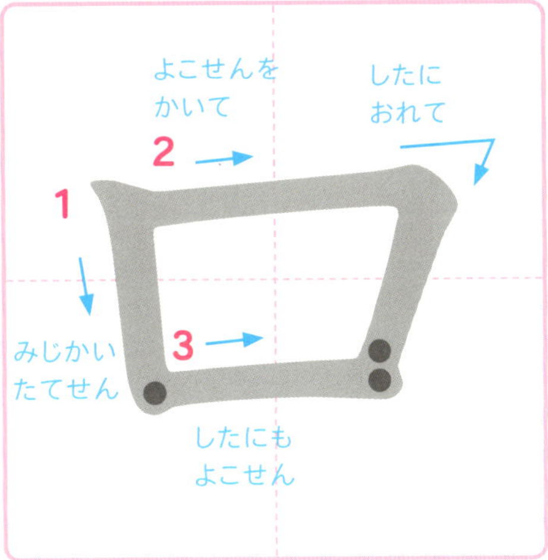
よこせんを
かいて
したに
おれて
2
1
みじかい
たてせん
3
したにも
よこせん

□ケット

グ□ーブ

ロ ロ

れんしゅう 8

①  □ー□

②  ラー□□

③  □□スター

④  □ー□ー

⑤  □ット

カタカナひょう

ン《ん》	ワ《わ》	ラ《ら》	ヤ《や》	マ《ま》
		リ《り》		ミ《み》
		ル《る》	ユ《ゆ》	ム《む》
		レ《れ》		メ《め》
	ヲ《を》	ロ《ろ》	ヨ《よ》	モ《も》

なぞってみよう

ハ《は》	ナ《な》	タ《た》	サ《さ》	カ《か》	ア《あ》
ヒ《ひ》	ニ《に》	チ《ち》	シ《し》	キ《き》	イ《い》
フ《ふ》	ヌ《ぬ》	ツ《つ》	ス《す》	ク《く》	ウ《う》
ヘ《へ》	ネ《ね》	テ《て》	セ《せ》	ケ《け》	エ《え》
ホ《ほ》	ノ《の》	ト《と》	ソ《そ》	コ《こ》	オ《お》

ハ《は》	ナ《な》	タ《た》	サ《さ》	カ《か》	ア《あ》
ヒ《ひ》	ニ《に》	チ《ち》	シ《し》	キ《き》	イ《い》
フ《ふ》	ヌ《ぬ》	ツ《つ》	ス《す》	ク《く》	ウ《う》
ヘ《へ》	ネ《ね》	テ《て》	セ《せ》	ケ《け》	エ《え》
ホ《ほ》	ノ《の》	ト《と》	ソ《そ》	コ《こ》	オ《お》